谋事之基 成事之道

★ 新时代的调查研究 ★

人民日报人民论坛杂志社

— 主编 —

何星亮 等

— 著 —

人民东方出版传媒
People's Oriental Publishing & Media
東方出版社
The Oriental Press

序言　掌握好调查研究这个基本功

在全党大兴调查研究，是深入学习贯彻习近平新时代中国特色社会主义思想、感悟这一重要思想的真理力量和实践伟力的必然要求，是深刻领悟“两个确立”的决定性意义、坚决做到“两个维护”的具体实践，是应对新时代新征程前进路上的风浪考验、推进中国式现代化的有力举措，是时刻保持解决大党独有难题的清醒和坚定、回答“六个如何始终”的现实需要，是转变工作作风、密切联系群众、提高履职本领、强化责任担当的有效途径。

——《关于在全党大兴调查研究的工作方案》

调查研究不仅是一种工作方法，更是关系党和人民事业得失成败的大问题。回顾党的100多年征程，新民主主义革命道路、社会主义革命道路、社会主义建设道路、中国特色社会主义道路的开辟和不断拓展，无不以调查研究为前提和依据。毛泽东同志强调："没有调查，没有发言权。"[1] 习近平总书记指出："调查研究是我们党的传家宝，是做好各项工作的基本功。"[2] 调查研究已成为中国共产党的优良传统作风，解决了许多历史性、关键性和战略性的重大问题，在党和国家事业全局中具有十分重要的地位和作用。

党的十八大以来，以习近平同志为核心的党中央将深入调查研究作为开展工作、出台政策、制定战略的"先手棋"，在出台重要方针政策、作出重大决策部署前，都要求有关部门深入基层调查研究，了解和掌握第一手材料。习近平总书记调查研究的足迹遍布祖国的山山水水，对关系新时代党和国家事业发展的一系列重大理论和实践问题进行了深入调研和深邃思考，提出了一系列原创性的治国理政新理念、新思想、新战略。

调查研究是获得真知灼见的源头活水，是谋事之基、成事之道。当前，我国发展面临新的战略机遇、新的战略任务、新的战略阶段、新的战略要求、新的战略环境。世界百年未有之大变局加速演进，不

---

1 《毛泽东选集》第1卷，人民出版社1991年版，第109页。

2 《以认真学习贯彻习近平新时代中国特色社会主义思想　坚定维护以习近平同志为核心的党中央权威和集中统一领导　全面贯彻落实党的十九大各项决策部署情况为主题进行对照检查》，《人民日报》2017年12月27日。

确定、难预料因素增多，各种风险挑战、困难问题比以往更加严峻复杂，迫切需要我们通过调查研究把握事物的本质和规律，找到破解难题的办法和路径。

掌握好调查研究这个基本功，要坚持党的群众路线。习近平总书记指出："要多到群众意见多的地方去，多到工作做得差的地方去，既要听群众的顺耳话，也要听群众的逆耳言。"[1]做好调查研究，考验的是工作作风，厚植的是人民情怀。放下架子、扑下身子，接地气、通下情，自觉向群众学习、向实践学习，才能真正把群众面临的问题发现出来，把群众的意见反映上来，把群众创造的经验总结出来。

掌握好调查研究这个基本功，要坚持实事求是。面对一些被表象掩盖的真实情况，我们更要听真话、察实情，坚持真理、修正错误，有一是一、有二是二，既报喜又报忧，不唯书、不唯上、只唯实。

掌握好调查研究这个基本功，要坚持问题导向。习近平总书记指出："增强问题意识，敢于正视问题，善于发现问题，既看'高楼大厦'又看'背阴胡同'。"[2]在调查研究中，我们要善于观察发现问题、勤于思考分析问题、找到症结破解问题，让改革发展稳定各项任务落下去，让惠及百姓的各项工作实起来，把一个个"问题清单"变为

---

1 《习近平关于"不忘初心、牢记使命"重要论述选编》，党建读物出版社、中央文献出版社2019年版，第218—219页。

2 习近平：《在学习贯彻习近平新时代中国特色社会主义思想主题教育工作会议上的讲话》，人民出版社2023年版，第13页。

"成果清单"。

掌握好调查研究这个基本功，要坚持攻坚克难。习近平总书记指出："要做敢于斗争、善于斗争的模范，带头迎难而上、攻坚克难，做到不信邪、不怕鬼、骨头硬。"[1] 调查研究做得好不好，关键要看难题解决得好不好，因而要向最难处攻坚。知难而进、迎难而上，才能把调查研究成果转化为推进工作、战胜困难的实际成效。

掌握好调查研究这个基本功，要坚持系统观念。习近平总书记指出："系统观念是具有基础性的思想和工作方法。"[2] 真正把情况摸清、把问题找准、把对策提实，就要善于在调查研究中通过现实看问题、透过现象看本质，把握好全局和局部、当前和长远、宏观和微观、主要矛盾和次要矛盾、特殊和一般的关系，前瞻性思考、全局性谋划、整体性推进党和国家各项事业。

调查研究是一种工作态度，也是一种工作能力。把脉问诊、着力破解实践中遇到的新问题、改革发展稳定存在的深层次关键性问题、人民群众急难愁盼问题、国际变局中的重大问题、党的建设面临的突出问题，是党员干部的重要职责使命。掌握好调查研究这个基本功，用好调查研究这个传家宝，崇尚实干、力戒空谈、精准发力，方能在新征程上展现新作为、书写新辉煌。

1　习近平：《在庆祝中国共产主义青年团成立100周年大会上的讲话》，人民出版社2022年版，第13页。
2　习近平：《论把握新发展阶段、贯彻新发展理念、构建新发展格局》，中央文献出版社2021年版，第425页。

目录

第一部分

调查研究的内涵

用好调查研究这个传家宝 / **董振华**
/003

在主题教育中掌握好调查研究这一传家宝 / **蔡文成**
/017

调查研究：中国共产党实现正确领导的传家宝 / **蔡礼强**
/034

领导干部破解工作难题的金钥匙——调查研究这一优良传统不能丢 / **王传利**
/047

在大兴调查研究中增强群众工作实效 / **张志元**
/057

调查研究的哲学支撑和方法论探析 / **杨玉成**
/074

调查研究的类型与方法 / **何星亮**
/086

中国共产党历史上的调查研究给当代的启示 / **陈　述**
/106

调查研究中的形式主义：成因与治策 / **钟德涛**
/110

大兴调查研究之风要纠正三种错误认识 / **董海军**
/122

第二部分
如何搞好调查研究

领导干部如何掌握调查研究基本功 / **洪向华**
/137

领导干部要切实练好调查研究基本功 / **刘帮成**
/151

向毛泽东同志学做调查研究与写调研报告 / **陆卫明**
/163

以问题意识推动调查研究走深走实 / **滕玉成**
/178

蹲点调研：基本特征与实践要点 / **廉　思**
/192

调查研究既要“调”更要“研”和“用” / **宁　阳**
/207

调查研究如何以真取胜 / **杜治洲**
/219

调查研究要走好新时代网上群众路线 / **时　伟**
/229

调查研究重在听真话 / **蒋来用**
/238

第一部分

调查研究的内涵

调查研究是谋事之基、成事之道。没有调查，就没有发言权，更没有决策权。研究、思考、确定全面深化改革的思路和重大举措，刻舟求剑不行，闭门造车不行，异想天开更不行，必须进行全面深入的调查研究。

——习近平总书记 2013 年 7 月在武汉主持召开部分省市负责人座谈会时的讲话

用好调查研究这个传家宝

董振华 *

* 作者为董振华，中共中央党校（国家行政学院）哲学教研部副主任、教授，博士生导师。

调查研究是我们党的传家宝，是广大党员干部做好各项工作的基本功。正如习近平总书记所指出的："调查研究是谋事之基、成事之道。没有调查，就没有发言权，更没有决策权。研究、思考、确定全面深化改革的思路和重大举措，刻舟求剑不行，闭门造车不行，异想天开更不行，必须进行全面深入的调查研究。"[1]进入新时代，各种风险挑战交织叠加。这更加要求我们必须用好调查研究这个传家宝，切实把握中国实际，在不断发现问题、分析问题、解决问题中创造新的发展奇迹。

调查研究是谋事之基、成事之道

历史与实践已反复证明，调查研究是我们党在各个历史时期摸清实际、发现真理、掌握规律，从而制定正确方针政策，攻坚克难、不断胜利的重要法宝。因此，要谋好事、成好事，必须坚持用好调查研究这一有力武器。

（一）调查研究是我们党的传家宝

习近平总书记明确指出："重视调查研究，是我们党在革命、建设、改革各个历史时期做好领导工作的重要传家宝。"[2]重视和善于调查

1 《习近平关于全面深化改革论述摘编》，中央文献出版社 2014 年版，第 37—38 页。
2 习近平：《谈谈调查研究》，《学习时报》2011 年 11 月 21 日。

研究是我们党的优良传统。中国共产党百年辉煌成就的取得，一个重要原因就在于我们始终重视和善于调查研究。从根本上讲，调查研究是我们党准确把握中国实际，并在此基础上制定正确路线方针政策的重要法宝。

新民主主义革命时期，正是通过反复的调查研究，毛泽东同志摸清了农村革命形势及联合农民开展斗争的可能性，探索出了一条符合中国国情的革命道路——“农村包围城市，武装夺取政权”，实践证明这条中国革命新道路是通向民族独立、人民解放的光明大道；新中国成立后，为探索出中国自己的社会主义道路和应对社会经济发展中的严重困难，毛泽东同志多次号召全党要大兴调查研究之风，并反复强调调查研究对于全党干部思想和行动的重要性，1961 年全党通过深入的调查研究，纠正错误，调整政策，为扭转困难局面，开展全面调整准备了条件；粉碎“四人帮”后，为解答“中国发展路在何方”的关键问题，邓小平同志走遍全国多省市深入调研，从中国实际出发，提出全党工作重点转移的崭新命题，为党的十一届三中全会实现伟大的历史转折奠定了思想和政治基础。

党的十八大以来，习近平总书记更是反复强调广大党员干部要用好调查研究这个传家宝，练好调查研究这一基本功。从加强党的全面领导、推进党的建设制度改革，到打好防范化解重大风险、精准脱贫、污染防治三大攻坚战；从推动京津冀协同发展、长三角一体化发展、粤港澳大湾区建设，到谋划长江经济带发展、黄河流域生态保护和高质量发展等，都是党中央在深入调研的基础上，提出的一系列治国理政新理念、新思想、新战略。

（二）调查研究是辩证唯物主义认识论的基本要求

辩证唯物主义认识论认为，主体的认识在不断的实践展开过程中由感性逐渐上升到理性，而新的认识又指导新的实践，并在实践中不断检验和发展。调查研究过程就是认识和实践双向互动的过程，是主体认识与客观实际不断接近并逐渐统一的过程，是主体认识程度不断深化、认识范围不断扩展的过程。

一方面，调查研究的过程就是主体认识不断深化的过程。辩证唯物主义认识论认为，认识世界的过程是一个由浅入深的过程，认识的根本任务就是要由感性认识上升到理性认识。这是因为客观事物的本质和规律不会直接显现于主体，要透过现象把握本质，需要主体的认识从感性上升到理性。调查研究的过程就是推进主体的认识不断深化的过程，我们越是进行调查研究，越是能够占有大量感性材料，越是能够促进主体认识由感性到理性的飞跃，从而更加深入准确地把握客观实际，把握事物的本质和规律。

另一方面，调查研究的过程也是主体认识范围不断扩展的过程。客观事物是不断发展变化的，这就要求主体认识也要随着客观事物的变化而不断发展，只有这样才能全面准确地把握客观事物。另外，主体的认识能力、实践能力也是有限的，制约着主体的认识范围。而调查研究的过程便是主体的认识与实践不断提升的过程，我们越是进行调查研究，越是能够提升本领，从而发现新情况新问题，不断扩展我们的认知范围。

（三）调查研究是做好领导工作的一项基本功

调查研究能力是党员干部整体素质和能力的一个重要组成部分。习近平总书记强调："领导干部要带头调查研究，拿出一定时间深入基层，特别是主要负责人要亲自主持重大课题的调研，拿出对工作全局有重要指导作用的调研报告。"[1]认识正不正确，方法对不对路，只有实践能够检验。所谓实践出真知，要从根本上解决问题，就要掌握调查研究这项基本功，就要深入基层、深入实践、深入群众。

没有调查研究就没有发言权，没有调查研究更没有决策权。只有深入调查研究，才能坚持一切从实际出发，作出正确判断和决策，及时发现、分析和解决问题，推动各项决策部署落到实处，才能真正体察民之所忧，切实有效地帮助群众解决实际困难，保持党同人民群众的密切联系。比如，为实现全面建成小康社会这一宏伟目标，以习近平同志为核心的党中央本着求真务实、真抓实干的精神，倡导看真贫、

1　习近平：《谈谈调查研究》，《学习时报》2011 年 11 月 21 日。

扶真贫、真扶贫，走遍全国多处贫困地区、红色老区和少数民族地区，真正做到了体民情、询民意、解民忧，切实了解到老百姓的困难和需求，推动精准扶贫落到实处，创造了举世瞩目的脱贫奇迹。

调查研究的内在逻辑和根本原则

调查研究是我们党的重要工作方法，能否准确掌握和正确运用，对党和党的各项事业至关重要。而要做好调查研究工作，则必须厘清其所蕴含的内在逻辑和根本原则。

（一）要把握好基础和关键

调查研究包括了调查和研究两个环节，其中调查是研究的前提，是调查研究工作的基础。只有通过深入实际的调查，我们才能获得丰富的感性材料，为科学合理的研究提供基础。另一方面，研究是调查的升华和发展，是调查研究的关键所在。如果只调查不研究，那么我们对事物或问题的认识只能是粗浅的、零散的。只有在调查的基础上进行深入细致的研究，去伪存真，凝练辨析，我们对事物或问题的认识才能更加系统深入，才能找到解决问题的方法。正如习近平总书记所指出的："调查研究的根本目的是解决问题，调查结束后一定要进行深入细致的思考，进行一番交换、比较、反复的工作，把零散的认识系统化，把粗浅的认识深刻化，直至找到事物的本质规律，找到解决问题的正确办法。”[1]

（二）必须坚持人民至上的根本立场

坚持人民至上的根本立场决定了中国共产党“是什么，要干什么”，为中国共产党干事创业提供了根本的价值指引。基于此，坚持人民至上必然是做好调查研究工作的根本遵循。做好调查研究工作的关键，就是要回答好“为了谁”这一根本问题，这就决定了调查研究工作必须始终以维护人民群众的根本利益为出发点和落脚点。习近平总书记指出：“党政主要领导干部要以身作则，率先垂范。不仅要‘身入’基层，更要‘心到’基层，始终关心基层联系点，关心联系点的群众。”[2]调查研究的根本目的是要发现问题，解民之忧、脱民之困。这就要求广大党员干部既要躬身向下，“身入”基层，更要心系群众，“心至”基层，要真心实意地了解民众疾苦，切实有效地解决老百姓关心的痛点难点热点问题。

（三）必须坚持实事求是的思想路线

习近平总书记多次强调，要坚持用实事求是的原则开展调查研究。他指出：“长期以来，我们党在出台重要方针政策、作出重大决

---

1 习近平：《谈谈调查研究》，《学习时报》2011年11月21日。

2 习近平：《谈谈调查研究》，《学习时报》2011年11月21日。

策部署前，都要求有关部门深入基层调查研究，了解和掌握第一手材料。”[1]

实事求是是马克思主义的精髓，是中国共产党的根本思想路线和工作路线。毛泽东同志在《改造我们的学习》一文中对实事求是进行了系统阐述，并在实践中将其上升为中国共产党的思想路线。“靠实事求是吃饭”是中国共产党的成功之道，一直以来，我们党之所以能够从弱到强、从挫折失败中不断奋起，我们党的各项事业之所以能够取得成功，根本原因正是在于我们始终坚持实事求是。

坚持实事求是，就是要一切从实际出发，深入实际了解事物的本来面貌，在实践中按照客观规律办事。从根本意义上讲，调查研究的过程就是实事求是的过程。坚持实事求是，就是要避免调查研究中的形式主义、官僚主义。这就要求调查研究不能走过场，不能流于形式，而是要始终坚持问题导向，真发现问题和发现真问题，把准问题症结，找到解决办法；不能主观臆断，脱离实际，自以为是，而是要“进万家门，知万家情，解万家忧，办万家事”；不能搞所谓“钦差”式调研，高高在上，端架子，耍派头，对基层干部颐指气使，呼来唤去，而是要放下架子，扑下身子，真正做到“四不两直”，求得实效。

1 《习近平谈治国理政》第4卷，外文出版社2022年版，第58页。

（四）必须坚持走群众路线

习近平总书记指出："好的方针政策和发展规划都应该顺应人民意愿、符合人民所思所盼，从群众中来、到群众中去。"[1]"一切为了群众，一切依靠群众，从群众中来，到群众中去"的群众路线是我们党的根本工作路线，是我们党把握客观实际、制定正确路线方针政策、攻坚克难创造百年辉煌的重要法宝。

"从群众中来，到群众中去"是马克思主义认识论的集中体现和根本要求，是从实践到认识、再从认识到实践这一辩证认识过程的生动体现。历史和实践已反复证明，什么时候我们坚持"从群众中来，到群众中去"，我们就能准确把握实际工作，推进各项事业发展；什么时候我们忽视了"从群众中来，到群众中去"，我们党的事业就会遭遇挫折。

当前，随着新时代中国特色社会主义伟大事业的深入推进，要实现第二个百年奋斗目标，需要正确把握新时代中国特色社会主义的现实实际，把握人民群众的实际需求，并在此基础上制定正确的路线方针政策。而始终坚持"从群众中来，到群众中去"正是题中应有之义。因此，要做好调查研究工作，就必须坚持走群众路线，只有这样我们才能真正了解民情、集中民智、维护民利、凝聚民心。

---

1 《习近平谈治国理政》第 4 卷，外文出版社 2022 年版，第 58 页。

不断提高调查研究的水平和成效

在调查研究过程中我们会遇到各种各样错综复杂的问题，这就要求我们必须掌握好科学的分析方法和调研方法，不断推进调查研究的制度化、常态化，从而准确把握问题实质，找到问题症结所在。

（一）学习和掌握科学分析方法

一是坚持具体问题具体分析。矛盾具有特殊性，不同事物的矛盾具有不同的特点，同一事物的矛盾在不同的发展阶段和过程也有不同特点。而作为矛盾外在显现形式的问题，必然也是随着社会的发展而不断变化的。这就要求我们在调查研究过程中，对于调研得来的丰富材料和现实情况，必须做到具体问题具体分析，做到有的放矢。只有通过具体问题具体分析，我们才能弄清楚哪些是表面问题，哪些是深层次问题，哪些是理想信念不坚定的问题，哪些是工作作风不扎实的问题，等等。

二是透过现象看本质。事物本质的展现是一个复杂曲折的过程，在不同的发展阶段、不同的环境下有着不同的表现形式，因为本质是事物本身固有的根本属性，是内在的、稳定的；现象则是事物本质属性的表现形式，是外在的、多变的。两者互为表里，相互依存。因此，要深入了解事物，把握事物实质，必须在实践基础上实现从感性认识到理性认识的飞跃，透过现象看本质。认识事物不能浮于表面、局于表象，不能浅尝辄止、雾里看花，这样的话便分不清虚实，辨不明真假，无法把握客观事物的本质。我们要充分发挥主观能动性，在占有大量感性材料的基础上，总结归纳，辨别剖析，从而拨开迷雾，去伪存真、由表及里，摸清事物的本质和规律。

三是坚持全面论和重点论的统一。马克思主义认为，重点和全面是辩证统一的，全面是有重点的全面，重点是全面中的重点。在调查研究过程中，只有坚持重点论和全面论的统一，才能做到既兼顾全面，又善于抓住重点。在当前治国理政实践中，问题的呈现总是五花八门、纷繁复杂，新旧问题交织，大小问题交汇，不懂辩证法，就会陷入问题的"迷宫"中，走不出去，原地打转，事倍功半。因此，只有抓住了主要矛盾和矛盾的主要方面，才能找到解决各种复杂问题的关键点，才能牵住"牛鼻子"，才能更好地带动全局，从而推动问题的整体解决。

（二）不断创新调查研究的方式方法

事必有法，然后可成。做好调查研究工作，离不开正确的方法。100 多年来，中国共产党始终注重调查研究，并在长期实践中创新了许多可资借鉴的方法。习近平总书记指出："我们党有着丰富的调查研究经验，在长期的实践中形成了许多行之有效的调查研究方法，如召开调查会、研讨会、走访调查、蹲点调查、典型调查、实地考察等，我们要在新时期加以继承和完善。”[1]

调查研究的方法不是一成不变的，在现实实践中，决不能生搬硬套，而是要针对不同的调查任务，灵活运用，同时也要在新的实践中结合不断变化的现实实际，结合新时期调查研究工作的特点和规律，实现调查研究方法的与时俱进与创新发展。这就要求我们在运用党在长期实践中积累的有效方法的同时，也要适应新形势新情况特别是当今社会智能化、信息化、网络化的特点，学习、掌握和运用现代科学技术的调研方法，综合运用经济学、社会学、系统论、控制论等多学科理论，进一步拓展调研渠道、丰富调研手段、创新调研方式，为正确决策提供全面可靠的信息和数据，提高调研的效率和科学性。

（三）调查研究要制度化常态化

习近平总书记指出：“调查研究要经常化。要坚持到群众中去、到实践中去，倾听基层干部群众所想所急所盼，了解和掌握真实情况，不能走马观花、蜻蜓点水，一得自矜、以偏概全。”[2] 推进调查研究工作常态化，必须健全调查研究制度。

一是坚持和完善先调研后决策的重要决策调研论证制度。调查研究的过程就是决策的过程，调查研究是科学决策形成的必要环节和

1 习近平：《干在实处 走在前列——推进浙江新发展的思考与实践》，中共中央党校出版社 2006 年版，第 537 页。

2 《年轻干部要提高解决实际问题能力 想干事能干事干成事》，《人民日报》2020 年 10 月 11 日。

重要保障，无论是制定决策、实施决策还是完善决策，都离不开调查研究。在决策尤其是重要决策形成的过程中，一定要把调查研究贯穿决策的全过程，做到不调研不决策、先调研后决策、决策后再调研，从而避免决策的随意性和纠正决策的偏差，提高决策的科学性和有效性。

二是要坚持和完善领导机关、领导干部的调研工作制度。“火车跑得快，全靠车头带。”进行调研工作，领导干部和主要负责人必须率先垂范，亲力亲为，扑下身子带头调查研究，要充分了解民情，掌握实情，只有这样才能更好地推进领导集体形成统一认识和一致意见，从而作出正确决策。另外，还要坚持和完善领导干部联系点制度。习近平总书记指出：“建立领导干部联系点，是防止领导干部脱离群众的一种重要手段，也是发现和解决问题的有效途径。”[1]在调查研究工作中，广大领导干部要密切联系群众，加强与联系点群众的联系和交流，既要“身入”联系点，更要“心至”联系点，通过点对点、面对面、心与心的交流，切实了解基层干部群众的所思所忧所虑，从而找准问题的症结所在。

深入学习和领悟习近平总书记关于调查研究的重要论述，坚持好、运用好调查研究这个传家宝，在全党大兴调查研究之风，求真务实，真抓实干，必将使调查研究的过程成为加深对党的创新理论领悟

1　习近平：《谈谈调查研究》，《学习时报》2011 年 11 月 21 日。

的过程，成为保持同人民群众血肉联系的过程，成为推动事业发展的过程。

在主题教育中掌握好调查研究这一传家宝

蔡文成 *

* 作者为蔡文成，兰州大学马克思主义学院院长、教授、博士生导师。

为深入学习贯彻习近平新时代中国特色社会主义思想，全面贯彻落实党的二十大精神，党中央决定在全党大兴调查研究，并把大兴调查研究作为在全党开展的主题教育的重要内容。习近平总书记指出："调查研究是谋事之基、成事之道。没有调查，就没有发言权，更没有决策权。"[1]调查研究是中国共产党的传家宝。中国共产党在领导中国革命、建设与改革的100多年奋斗历程中，始终注重运用调查研究的方法体察民情、认识社会、观照世界，形成了共产党人解放思想、实事求是、与时俱进、求真务实、守正创新的科学思想方法。当前，深入开展学习贯彻习近平新时代中国特色社会主义思想主题教育，牢牢把握"学思想、强党性、重实践、建新功"的总要求，在全党大兴调查研究，对于维护党的领导地位、解决党内存在的突出问题、提高领导干部科学决策能力、转变工作作风、加强党员党性修养等具有重要意义。

在全党大兴调查研究是学习贯彻党的创新理论的必然要求

在全党大兴调查研究是深入学习贯彻习近平新时代中国特色社会主义思想、感悟这一重要思想的真理力量和实践伟力的必然要求。习近平新时代中国特色社会主义思想是党的创新理论的最新成果，是新时代中国共产党人观察时代、把握时代、引领时代的世界观与方法

1 《习近平关于全面深化改革论述摘编》，中央文献出版社2014年版，第37—38页。

论。调查研究贯穿于党的创新理论形成与发展的全过程，正是基于对我国经济社会发展实际情况的调查研究，才形成了一系列反映我国经济社会发展规律、总结历史经验、指导前进方向的思想、观点与话语，构成了党的创新理论的基础内容及结构体系。党的创新理论具有科学性、真理性、时代性与人民性。新时代在全党大兴调查研究之风，必须深刻把握党的创新理论的世界观与方法论。

深入学习党的创新理论，需要在全党大兴调查研究。马克思在《1844 年经济学哲学手稿》中指出："理论的对立本身的解决，只有通过实践方式，只有借助于人的实践力量，才是可能的。"[1]认识活动不是抽象的思维运动，理论的真理性只有在实践检验中才能显现。习近平新时代中国特色社会主义思想是当代中国马克思主义、21 世纪马克思主义，是共产党执政规律、社会主义建设规律、人类社会发展规律在新时代中国的集中体现，认识这一思想的真理力量是开展调查研究、推动新时代伟大实践的必要前提。习近平新时代中国特色社会主义思想蕴含着科学的世界观与方法论，以辩证唯物主义和历史唯物主义为思想底色，坚持人民至上、坚持自信自立、坚持守正创新、坚持问题导向、坚持系统观念、坚持胸怀天下，为新时代在全党大兴调查研究、具体开展调查研究提供方向指导、根本遵循、理论依据。在内容上，习近平总书记关于调查研究的重要论述是党的创新理论的重要组成部

1 【德】马克思：《1844 年经济学哲学手稿》，人民出版社 2018 年版，第 85 页。

分，深刻把握贯穿其中的立场、观点和方法，是在全党开展调查研究的重要依据。在主题上，党的创新理论聚焦“坚持和发展中国特色社会主义”这个核心命题，只有在推进中国特色社会主义伟大实践中，才能真正理解党的创新理论的核心要义。在方法上，党的创新理论强调走群众路线、实事求是、系统观念、大历史观、底线思维等，形成调查研究的思路与原则。党的创新理论在内容、主题与方法上和调查研究的本质属性高度契合，“人的思维是否具有客观的真理性，这不是一个理论的问题，而是一个实践的问题”[1]。在调查研究中深化对党的创新理论的思想认识，本质上是通过理论联系实际、以行动自觉推动理论自觉，推动党员干部不断深化对党的创新理论的认识和把握。

深刻感悟思想的实践伟力，需要在全党大兴调查研究。理论的生命力在于实践，调查研究的过程就是理论学习向实践运用转化的过程。党的创新理论内在地包含着实践性要求，在调查研究中体现为立足我国实际发现问题、分析问题、解决问题。习近平总书记指出：“组织广大党员、干部特别是各级领导干部扑下身子、沉到一线，深入农村、社区、企业、医院、学校、‘两新’组织等基层单位，把脉问诊、解剖麻雀，进行问题梳理、难题排查，运用党的创新理论研究新情况、解决新问题。”[2]作为党的重要思想方法与工作方法，调查研究是践行和

1 《马克思恩格斯选集》第 1 卷，人民出版社 2012 年版，第 134 页。

2 习近平：《在学习贯彻习近平新时代中国特色社会主义思想主题教育工作会议上的讲话》，人民出版社 2023 年版，第 13 页。

检验党的创新理论及其真理性，推进党的创新理论面向时代、面向未来、面向世界的重要途径。调查研究的目的不仅在于把握规律、总结经验、形成科学决策，更在于坚持问题导向、目标导向、结果导向。在全党大兴调查研究，就是要践行党的创新理论，将党的创新理论的真理性转化为经济社会发展动能。当前，世界百年未有之大变局加速演进，中华民族伟大复兴进入关键时期，我国发展面临新的战略机遇、新的战略任务、新的战略阶段、新的战略要求、新的战略环境，不确定、难预料因素增多，国内改革发展稳定面临不少深层次矛盾躲不开、绕不过，各种风险挑战、困难问题比以往更加严峻复杂，迫切需要在调查研究中找到破解难题、解决问题的方法路径。调查研究是获得科学认识、形成正确决策的首要环节，是衡量党员干部理论应用能力的重要标准。党的创新理论为党员干部开展调查研究提供实践遵循，明确方向原则、政治导向、思想指南、重点难题等。从党的创新理论中获取调查研究的方法原则，指导各项具体工作始终围绕党和国家的中心任务展开，是确保调查研究真正落实党的创新理论的本质要求。

在全党大兴调查研究是坚持和加强党的全面领导的具体实践

在全党大兴调查研究有助于深刻领悟“两个确立”的决定性意义、坚决做到“两个维护”。党是最高政治领导力量，坚持党的全面领导是坚持和发展中国特色社会主义的必由之路。调查研究体现了政治意识与核心意识在社会实践中的应用，体现了马克思主义执政党政治自觉、思想自觉与行动自觉的统一。“两个确立”和“两个维护”集中反映了调查研究所坚持的政治立场、政治原则和政治方向。列宁指出：“政治就是参与国家事务，给国家定方向，确定国家活动的形式、任务和内容。”[1]坚持和加强党的全面领导、提出“两个确立”和“两个维护”，是通过调查研究得出的政治判断、实践经验与科学论断。深刻领悟“两个确立”的决定性意义、坚决做到“两个维护”，要在调查研究中不断进行“实践—认识—再实践—再认识”，将具体工作中的经验认识内化为对“两个确立”和“两个维护”的深刻理解。

深刻领悟“两个确立”的决定性意义，必须在全党大兴调查研究。任何成功有效的实践都离不开坚强的领导核心和科学的理论指引，对领导正确性与理论科学性的认识需要在调查研究中得以确证和完成。“两个确立”明确了调查研究工作所依托的政治核心和思想核心，即坚持习近平总书记对调查研究工作的领导与指示，坚持习近平新时代中国特色社会主义思想对调查研究工作的指导与引领。“两个确立”保证了社会主义事业的方向，彰显了中国特色社会主义制度的显著优势，确保党和国家的事业不偏航、不迷路、不动摇，始终沿着正确的方向前进。在全党大兴调查研究，体现了“两个确立”的本质要求，意味着广大党员干部要自觉将具体工作置于党和国家事业发展的总体布局

1 《列宁全集》第 31 卷，人民出版社 2017 年版，第 128 页。

中谋划推进，在贯彻落实党中央决策部署中提高政治判断力、政治领悟力、政治执行力。党的十八大以来，以习近平同志为核心的党中央高度重视调查研究工作，把调查研究视为做好领导工作的一项基本功，要求广大党员干部在调查研究的具体实践中充分理解党的路线方针政策，从而形成强大的思想凝聚力和行动执行力。深刻领悟“两个确立”的决定性意义，要明确调查研究的性质方向，夯实调查研究的思想基础，站稳调查研究的政治立场，在思想认同和内心信仰上坚定习近平总书记作为党中央的核心、全党的核心掌舵领航，在政治方向和理论内涵上把握习近平新时代中国特色社会主义思想的真理力量，凝聚强大的思想共识和磅礴的行动合力。

坚决做到“两个维护”，必须在全党大兴调查研究。政治自觉要求行动自觉，行动自觉推动政治自觉。调查研究工作所要求的求真务实精神与“两个维护”对于行动自觉的强调高度统一，“两个维护”是贯穿调查研究工作全过程的政治原则。“调查研究是一个推动工作的过程。”[1]在开展调研工作中，领导干部不仅要切实履行政治义务，落实政治要求，还要克服官僚主义、形式主义的歪风邪气，以积极的事业心、公仆心、责任心改进工作作风，在实践中将坚决做到“两个维护”的思想自觉转化为恪尽职守、担当作为的政治自觉，转化为凝心聚力

1　习近平:《干在实处　走在前列——推进浙江新发展的思考与实践》，中共中央党校出版社2006年版，第534页。

研究新情况、务实笃行面对新形势的行动自觉。党的十八大以来，完成脱贫攻坚、全面建成小康社会的历史任务充分证明，“两个维护”是党凝心聚力进行社会主义现代化建设的有力武器。正是坚决维护习近平总书记党中央的核心、全党的核心地位，坚决维护以习近平同志为核心的党中央权威和集中统一领导，从根本上保证了经济快速发展和社会长期稳定。列宁指出：“党是直接执政的无产阶级先锋队，是领导者。”[1] 中国式现代化是人口规模巨大的现代化与中国共产党作为世界上最大的马克思主义执政党的双重现实，对政治核心与党的集中统一领导提出了新的任务要求。坚持将党的集中统一领导贯穿调查研究始终，就是要在调查研究中始终强化政治意识、大局意识、核心意识、看齐意识，确保党和国家事业始终沿着正确方向前进。新时代新征程在全党大兴调查研究之风，要毫不动摇坚持和加强党的全面领导，坚定不移贯彻落实党的路线方针政策，不折不扣将习近平新时代中国特色社会主义思想的世界观和方法论贯彻落实到调查研究之中。

在全党大兴调查研究是推进中国式现代化的有力举措

在全党大兴调查研究是应对新时代新征程前进路上的风险考验、推进中国式现代化的有力举措。作为一种“世界历史性的事实”，中国式现代化是以解决中国实际问题为目的的具有中国特色的实践方

1 《列宁选集》第 4 卷，人民出版社 2012 年版，第 423 页。

案。这一实践方案因其合法性和有效性，需要立足中国发展实际、结合中国具体情况不断进行动态调整、持续创新和有序推进。调查研究是“学思用贯通、知信行统一”的关键中介，是“用党的创新理论研究新情况、解决新问题”的重要步骤。调查研究通过经验考察、问题诊断与研究对策，为防范化解重大风险、推进中国式现代化取得新进展新突破持续提供新思路和新理念。

积极应对新征程上的风险考验，应当在全党大兴调查研究。习近平总书记在学习贯彻党的二十大精神研讨班开班式上发表重要讲话强调：“推进中国式现代化，是一项前无古人的开创性事业，必然会遇到各种可以预料和难以预料的风险挑战、艰难险阻甚至惊涛骇浪，必须增强忧患意识，坚持底线思维，居安思危、未雨绸缪，敢于斗争、善于斗争，通过顽强斗争打开事业发展新天地。”[1]调查研究旨在把问题的本质和规律把握准确，把解决问题的思路和对策研究透彻，不断深化对防范化解风险挑战规律的认识，从而为问题的解决提供可靠依据、科学决策与有效方案。首先，大兴调查研究有助于全面认识各种风险挑战的发展态势与基本类型，提高风险挑战预判与防控能力。调查研究能够帮助广大党员干部特别是各级领导干部更加准确、深刻、全面地认识我国社会主要矛盾的发展态势，全面发现隐藏其中的风险挑战，提升风险预判与风险防控的综合水平。其次，大兴调查研究有利

1 《正确理解和大力推进中国式现代化》，《人民日报》2023 年 2 月 8 日。

于系统认识新时代新征程上各种风险挑战的根源与关联，增强化解风险挑战的主体合力。在全面建设社会主义现代化国家新征程中，各种风险挑战并非孤立存在的。在内外部环境条件影响下，各种风险挑战有其内在的层次性、结构性与关联性，各种显性社会矛盾与隐性社会矛盾相互交织，发展风险外溢、安全风险叠加等社会现象纷繁复杂。因此，不能仅从表征层面认识各种风险挑战，唯有在调查研究中坚持系统观念与全局视野，才能进一步把握好社会基本风险、主要风险、特殊风险、局部风险、外部风险之间的关系，从各种具体矛盾及其关系中把握规律，理解各种风险挑战的成因与逻辑关系。开展调查研究，要坚持以党的创新理论为指导，把握好全局和局部、当前和长远、宏观和微观、主要矛盾和次要矛盾、特殊和一般的关系，综合多种应对手段，从多个方面共同发力，避免单一风险演化为系统性风险。最后，大兴调查研究有利于精准认识新时代新征程上各种风险挑战的防范规律与应对规律，提升防范化解风险的能力水平。不同的风险挑战产生的原因不同，化解方法也不同，因而需要分类施策、具体分析。调查研究要立足全局、统筹兼顾、着眼具体，选择性采用事关全局的战略性调研、破解复杂难题的对策性调研、新时代新情况的前瞻性调研、重大工作项目的跟踪性调研、典型案例的解剖式调研、推动落实的督查式调研等多元调研类型，完善风险化解机制与挑战应对机制，提升机制的精准性和有效性。

推进中国式现代化，应当在全党大兴调查研究。中国式现代化，既有各国现代化的共同特征，更有基于自己国情的中国特色。因而，推进中国式现代化需要在调查研究的基础上，全面掌握新时代中国的最新情况与最实情况、总体情况与具体情况、全局情况与局部情况，进而在深入分析、充分论证和科学决策的基础上把握机遇、应对挑战，以深化调查研究推动解决发展难题，使调查研究工作同中心工作和决策需要紧密结合起来，更好地为科学决策服务，为完成新时代新征程的使命任务服务。在这一意义上，调查研究不仅是一种工作方法，而且是关系党和人民事业得失成败的大问题。一方面，大兴调查研究为推进中国式现代化提供经验性资源。中国式现代化在遵循现代化一般规律的同时，也必须符合本国实际，具有本国特色，明确新征程上的客观现状与真实情况。长期以来，我们党在出台重要方针政策、作出重大决策部署前，都要求有关部门深入基层调查研究，了解和掌握第一手资料。而实事求是的调查研究能够围绕新时代新征程中国共产党的使命任务展开，将推进中国式现代化作为开展调查研究的目的，掌握和了解推进中国式现代化的第一手资料，为提高党和政府的决策科学性与实践有效性添砖加瓦。另一方面，大兴调查研究为推进中国式现代化提供系统性资源。习近平总书记强调："推进中国式现代化是一个系统工程，需要统筹兼顾、系统谋划、整体推进，正确处理好顶层设计与实践探索、战略与策略、守正与创新、效率与公平、活力与秩序、自立自强与对外开放等一系列重大关系。”[1] 由此可以看出，推进中国式现代化必须把握好全局和局部、当前和长远、宏观和微观、主要矛盾和次要矛盾、特殊和一般的关系。而系统有序的调查研究能够获得全面、真实的情况，找到正确解决问题的新视角、新思路和新对策，为推进中国式现代化提供精神力量与行动指南。

在全党大兴调查研究是解决大党独有难题的现实需要

在全党大兴调查研究是时刻保持解决大党独有难题的清醒和坚定、回答“六个如何始终”的现实需要。解决大党独有难题，“是实现新时代新征程党的使命任务必须迈过的一道坎，是全面从严治党适应新形势新要求必须啃下的硬骨头”[2]。中国共产党作为世界上最大的马克思主义执政党，其执政能力与执政水平直接关系党和国家前途命运。立足中华民族伟大复兴战略全局和世界百年未有之大变局，把我们党建设成为始终走在时代前列、人民衷心拥护、勇于自我革命、经得起各种风浪考验、朝气蓬勃的马克思主义执政党，就必须善于从外部实际出发获得自我成长的动力。调查研究是解决大党独有难题的重要工作方法，没有调查研究就无法获得关于现实的清醒认知。在全党大兴调查研究，有利于保持解决大党独有难题的清醒和坚定，回答新时代

1 《正确理解和大力推进中国式现代化》，《人民日报》2023 年 2 月 8 日。
2 《一刻不停推进全面从严治党 保障党的二十大决策部署贯彻落实》，《人民日报》2023 年 1 月 10 日。

的“六个如何始终”。

清醒认识大党独有难题的客观性和复杂性，要求在全党大兴调查研究。问题是事物矛盾的表现形式，“研究必须充分地占有材料，分析它的各种发展形式，探寻这些形式的内在联系”[1]。调查研究即是通过对直观材料的整合与分析，总结原因、形成规律性认识。大党独有难题的特殊性在新时代表现为难题之“独”与“难”。难题之“独”是基于对中国共产党作为百年大党和世界上最大的马克思主义执政党的主体地位的认识；难题之“难”是基于对我们党所面临的最难解决、最需要解决的问题的客观分析。回答大党独有难题的时代之问、实践之问，就是在时代和实践的境遇中来还原“考察的客观性（不是实例，不是枝节之论，而是自在之物本身）”[2]，通过调查研究全面认识大党独有难题之特殊性与复杂性，掌握现实之于党的建设的新要求、新任务、新使命，从而推动党始终以先进性、纯洁性为内在要求，不断进行党的自我革命与伟大社会革命。在党的 100 多年奋斗历程中，正是通过调查研究，才锻造了世界上最大的马克思主义执政党，将社会主义推向新的发展阶段，为世界政治文明贡献中国智慧。新时代新征程，面对“四大考验”“四大危险”，正确认识“六个如何始终”的重大命题，我们党必须保持认识上的清醒自觉与坚定，常怀远虑、居安思危，

1 《马克思恩格斯文集》第 5 卷，人民出版社 2009 年版，第 21 页。
2 《列宁选集》第 2 卷，人民出版社 1995 年版，第 411 页。

才能获得战胜风险挑战、赢得历史主动的内生力量。

解决大党独有难题的现实性和紧迫性，要求在全党大兴调查研究。发现问题是为了解决问题，问题导向是调查研究的鲜明特征。通过调查研究分析大党独有难题，目的在于提出破解难题的前瞻性方案、整体性方案与全局性方案。前瞻性方案是对事物发展趋势的科学预判，是解决大党独有难题的客观要求。从前瞻性视域出发进行调查研究，要注重从问题出发查找原因、发现规律、精准施策，寻找大党独有难题形成的内在机理、客观因素与发展方向等。整体性方案是对大党独有难题基于党的建设新的伟大工程作出的宏观判断，是解决大党独有难题的内在要求。从整体性视域出发进行调查研究，就是要把大党独有难题作为一个整体问题看待，把“六个如何始终”看作一个整体，并坚持从其内在联系中寻找破解之道。全局性方案是对大党独有难题基于党和国家发展宏大叙事的具体定位，是解决大党独有难题的外在要求。从全局性视域出发进行调查研究，要把握好全局和局部的关系，坚持全球视野和天下情怀，为人类文明进步贡献力量。纵观之，中国共产党肩负着实现中华民族伟大复兴的历史重任，解决大党独有难题内在要求将党的历史使命作为全局性事业来抓，需要统筹国内国际两个大局，同时，必须聚焦具体问题，以解决问题为根本目的，把情况摸清、问题找准、对策提实，不断提出解决问题的新思路新办法，在整体性、前瞻性、系统性、科学性统筹考量中解决大党独有难题、回答“六个如何始终”。

在全党大兴调查研究是持续转变工作作风、提高履职本领的有效途径

在全党大兴调查研究是转变工作作风、密切联系群众、提高履职本领、强化责任担当的有效途径。调查研究是党的主题教育的重要内容与重要方式，是学思用贯通、知信行统一的落实渠道与中介环节，目的在于通过实践学习形成求真务实的工作作风，提升干部履职能力。从党的作风建设与党员教育维度来看，大兴调查研究既是加强党的作风建设、坚持党的群众路线的实践环节，也是提升党员工作本领、强化党员责任担当的有效途径，对于党风廉政建设和党员党性修养提升具有重要推动作用。

在全党大兴调查研究是转变工作作风、密切联系群众的现实需要。首先，调查研究是破解形式主义、官僚主义等问题的有效途径。调查研究作为一种规范化的教育实践活动，既有明确的问题导向与目标导向，更有明确的工作要求与工作纪律。《关于在全党大兴调查研究的工作方案》明确提出了大兴调查研究的总体要求、调研内容、方法步骤，从规范层面与操作层面构建了新时代中国共产党大兴调查研究的完整逻辑链条，而且明确提出要“完善调查研究的长效机制”，强调调查研究要“严格执行中央八项规定及其实施细则精神”。由此可以看出，在全党大兴调查研究有着明确的规范形式与行动准则，因而有助于破

除形式主义、官僚主义，帮助广大党员干部在调查研究中养成实事求是、求真务实的精神气质。在全党深入开展学习贯彻习近平新时代中国特色社会主义思想主题教育，根本任务是坚持学思用贯通、知信行统一，把习近平新时代中国特色社会主义思想转化为坚定理想、锤炼党性和指导实践、推动工作的强大力量，使全党始终保持统一的思想、坚定的意志、协调的行动、强大的战斗力，努力在以学铸魂、以学增智、以学正风、以学促干方面取得实实在在的成效。前期的理论学习与后续的调查研究紧密衔接，前期的党性锤炼更有助于广大党员干部特别是各级领导干部在后续的调研实践中自觉落实主题教育根本任务，把调查研究作为转变工作作风的实践环节。其次，调查研究是密切联系群众的有效途径。坚持党的群众路线，需要依靠具体、合理的实践活动深入实际、深入基层、深入群众。调查研究作为扁平化的教育实践活动，强调坚持党的群众路线，要求从群众中来、到群众中去，因而有利于增强广大党员干部特别是各级领导干部同人民群众的沟通和交流。在转变工作作风、密切联系群众的同时，也要警惕、防范和治理调查研究工作形式化、调查研究内容偏离化、调查研究实效失效化等问题。

在全党大兴调查研究是提高履职本领、强化责任担当的基本途径。加强党的创新理论武装是锤炼党性和指导实践的基础性工作，而调查研究是提升履职尽责的本领担当的实践性基础。首先，大兴调查研究有助于提高广大党员干部特别是各级领导干部的履职本领。调查研究是领导干部直面基层与现实、获得一手材料与认知的重要途径。广大党员干部在自觉运用习近平新时代中国特色社会主义思想改造主观世界的基础上，通过调查研究与实践锻炼消除经验盲区、填补知识弱项、了解社情民意、优化思维模式，增强驾驭全局和处理复杂问题的能力。其次，大兴调查研究有助于强化广大党员干部的责任担当。学思想也要见行动，主题教育不能停留在理论学习层面，广大党员干部胸怀“国之大者”的决心与意志需要以深化调查研究的行动来体现。《关于在全党大兴调查研究的工作方案》明确提出，在全党大兴调查研究“必须坚持攻坚克难，发扬斗争精神，增强斗争本领，勇于涉险滩、破难题，知难而进、迎难而上，把调查研究成果转化为推进工作、战胜困难的实际成效”。在全党大兴调查研究作为主题教育的重要实践，对于广大党员干部“以时时放心不下的责任感、积极担当作为的精气神为党和人民履好职、尽好责”有着重要的实践教育意义。

调查研究：中国共产党实现正确领导的传家宝

蔡礼强 *

* 作者为蔡礼强，中国社会科学院大学政府管理学院教授、中国社会科学院大学领导力研究中心主任。

在中国共产党的100多年奋斗实践中，注重通过调查研究制定和执行正确的路线方针政策，已经成为中国共产党各个发展阶段的优良传统。如果说坚持人民至上，来自人民、依靠人民、为了人民是100多年来中国共产党的发展逻辑和胜利密码，那么深入实际、深入群众、深入基层的调查研究，则是中国共产党的领导秘诀和传家法宝。

调查研究关系到党的事业的兴衰成败

习近平总书记多次强调，调查研究是我们党在各个历史时期做好领导工作的重要传家宝，是关系党和人民事业得失成败的大问题，“什么时候全党从上到下重视并坚持和加强调查研究，党的工作决策和指导方针符合客观实际，党的事业就顺利发展；而忽视调查研究或者调查研究不够，往往导致主观认识脱离客观实际、领导意志脱离群众愿望，从而造成决策失误，使党的事业蒙受损失”[1]。党的100多年奋斗历程充分证明，调查研究是关系到党的事业兴衰成败的大问题。

（一）调查研究是党做好一切工作的基础

强调调查研究是党做好一切工作的基础，因为党员领导干部开展的一切工作都离不开调查研究。“领导机关的基本任务，就在于了解

1　习近平：《谈谈调查研究》，《学习时报》2011年11月21日。

情况与掌握政策，而情况如不了解，则政策势必错误。”[1]了解情况是科学决策的基础，不了解情况难以做到科学决策，更谈不上推动工作的有效落实。调查研究首先是一个了解情况的过程，了解情况之后，党员领导干部还要对问题进行认真的研究分析，找到问题产生的真实原因，进而掌握问题的本质和规律。只有通过调查研究找到问题背后的原因并把握相应的规律，才能作出科学的决策。在推动决策实施过程中，党员领导干部还要通过调查研究及时了解工作开展情况，通过跟踪反馈和督促整改，推动工作顺利完成。由此可见，从了解情况、科学决策到推动落实，整个工作的全过程都离不开调查研究。

（二）调查研究是世界观、认识论和方法论的有机统一

调查研究是认识世界的根本途径和重要方法，是我们党了解情况、科学决策进而实现正确领导的基础。但调查研究又绝不仅是一种普通的工作方法，而且是世界观、认识论和方法论融为一体的重要方法，具有丰富的内涵和重要的价值。

马克思主义辩证唯物主义和历史唯物主义的世界观和方法论，要求想问题办事情一切都要从实际出发，做到主观与客观历史的具体的统一；强调人民群众是历史的创造者，是创造历史的动力。从世界观的角度看，党员领导干部要通过调查研究向人民群众学习，拜人民群

---

1 《毛泽东文集》第 2 卷，人民出版社 1993 年版，第 360 页。

众为师，甘当人民群众的小学生，向人民群众虚心请教。从认识论的角度看，离开了调查研究，就不可能了解客观事实及其内在规律，就无法走好实事求是的思想路线。党员领导干部要走好从群众中来、到群众中去的根本工作路线，也必须始终坚持和不断加强调查研究。

（三）调查研究关系到党风与党性

鉴于调查研究的极端重要性，毛泽东同志1941年给中央起草了《中共中央关于调查研究的决定》，要求全党加强调查研究。该决定指出了不重视调查研究的危害，认为“粗枝大叶、自以为是的主观主义作风，就是党性不纯的第一个表现；而实事求是，理论与实际密切联系，则是一个党性坚强的党员的起码态度”[1]。毛泽东同志把调查研究上升到党风和党性的高度来看待。

党风是党的作风，是党员干部内在价值观与外在态度和行为表现的统一体，党风关系到党的思想路线和群众路线的贯彻落实。全党干部思想和行为的首要准则是实事求是和群众路线，思想上的党风表现为理论联系实际和实事求是的作风，行为上的党风表现为密切联系群众的作风。作风问题本质上也是党性问题，党员领导干部不注重调查研究、不密切联系群众，既是作风不良也是党性不纯的表现。

脱离实际的形式主义作风和脱离群众的官僚主义作风，都是党性

1 《毛泽东文集》第2卷，人民出版社1993年版，第361页。

不纯的表现。而实事求是、理论与实际密切联系，是党性坚强的党员的起码态度。正是因为调查研究直接关系到党风好坏和党性纯洁，关系到党的思想路线和群众路线的贯彻落实，加强和推动调查研究就成为抵制不良党风、提高党性纯洁的重要途径。

调查研究是党员领导干部实现正确领导的基础

调查研究最直接最重要的作用就是让党员领导干部掌握准确的情况。了解情况可以有多种途径，但深入基层调查研究是党员领导干部了解情况、获取信息最基本、最可靠的手段。党员领导干部深入基层调查研究，将会为实现正确领导奠定坚实的基础。

（一）没有调查研究就没有发言权

邓小平同志依据自己和全党多年的领导经验，精辟地指出了调查研究对于实现正确领导的重要性，“离开群众经验和群众意见的调查研究，那末，任何天才的领导者也不可能进行正确的领导”[1]。党员领导干部通过深入群众的调查研究，虚心向群众学习、总结群众的经验、集中群众的智慧，才能实施正确的领导。

党员领导干部如果对所讨论问题的现实情况和历史情况不调查不了解，对讨论的问题就很难有什么发言权。不仅不做调查没有发言权，

1 《邓小平文选》第 1 卷，人民出版社 1994 年版，第 219 页。

不做正确的调查同样没有发言权。党员领导干部既要通过调查了解实际情况，又要通过研究把握正确规律，在经过周密调查掌握实际情况的基础上，还要对实际情况进行科学的分析和精细的研究，找出事物固有的内在规律，如此才能据此作出正确的决策。

准确掌握情况是讨论问题和科学决策的基础。“通过调查研究，情况明了来下决心，决心就大，方法也就对。”[1]党员领导干部通过调查研究摸清情况，既可以避免主观主义的无知妄说，获得讨论问题的发言权；也有助于正确地把握规律和找到解决问题的方法，从而制定正确决策，提出有针对性的举措。

（二）正确的决策来源于调查研究

“坚强的领导，来源于正确的领导；正确的领导，来源于正确的决策。”[2]党之所以能在不同历史时期，科学分析形势、准确把握条件，制定出正确的路线方针政策，就是因为高度重视调查研究，把调查研究作为正确决策的基础和前提。

习近平同志2002年10月到浙江担任主要领导工作之后坚持以调研开局，通过调查研究把准摸清浙江的民情民生，并在广泛征求意见的基础上，制定了体现浙江改革与发展总体思路和战略部署的“八八

---

1 《毛泽东文集》第8卷，人民出版社1993年版，第235页。
2 《毛泽东文集》第8卷，人民出版社1993年版，第272页。

战略”。“八八战略”是广泛调研、集思广益的结果，完全契合浙江的发展实际并能充分发挥浙江的优势。调查研究形成“八八战略”的过程，既是形成共识、寻找办法的过程，也是统一全省上下认识、集中大家智慧的过程。“八八战略”在制定之后的20多年间始终指引着浙江的高质量发展，浙江大地发生了精彩蝶变、取得了丰硕的发展成果。“八八战略”在浙江发展中的实践伟力充分证明了调查研究对推动正确决策的重要性。

党员领导干部深入人民群众和基层一线进行系统周密的调查研究，不但能够准确了解情况、正确认识问题，还能了解群众的期盼和要求，关注群众的情绪和意见，总结群众的经验和创造，学习群众的智慧和方法。在调查研究基础上根据实际情况和群众意愿进行决策，自然有助于作出既符合客观实际又能满足群众需要和意愿的正确决策。

（三）党员领导干部要亲身从事调查研究

党员领导干部要制定正确的政策和策略，需要“时时了解社会情况，时时进行实际调查”。毛泽东同志一贯倡导领导干部要亲自出马、自己记录、身入实际，进行全面系统的调查：“凡担负指导工作的人，从乡政府主席到全国中央政府主席，从大队长到总司令，从支部书记到总书记，一定都要亲身从事社会经济的实际调查，不能单靠书面报告，因为二者是两回事。”[1]

20 世纪 60 年代初，我国经济因决策失误遭受严重困难，决策失误就是调查研究不够而导致的。为应对当时的严重困难，毛泽东同志三次在全党号召要大兴调查研究之风，给刘少奇、周恩来、陈云、邓小平等中央领导写信，提出要做系统的亲身出马的调查，而不是老爷式的调查。毛泽东同志严厉斥责不到群众中做调查的主观主义决策行为："各级党委，不许不作调查研究工作。绝对禁止党委少数人不作调查，不同群众商量，关在房子里，作出害死人的主观主义的所谓政策。”[2]毛泽东同志的号召推动了全党重新认识和广泛开展调查研究，党中央在深入实际调查研究的基础上重新制定了一整套正确的政策，在不到 3 年的时间里我国国民经济得到顺利的恢复和发展。

党员领导干部如果不亲自做调查研究，而仅限于看材料听汇报，很难真正掌握具体生动的现实情况。“做领导工作的人要依靠自己亲身的调查研究去解决问题。书面报告也可以看，但是这跟自己亲身的调查是不相同的。”[3]领导干部只有亲自做调查研究，才能直接了解真实的情况，对具体问题进行具体分析，并据此制定正确的政策和策略。

---

1 《毛泽东选集》第 1 卷，人民出版社 1991 年版，第 117 页。
2 《毛泽东书信选集》，中央文献出版社 2003 年版，第 538 页。
3 《毛泽东文集》第 8 卷，人民出版社 1999 年版，第 253 页。

调查研究是党员领导干部提高能力必须练就的基本功

领导者的基本任务之一是决策，而调查研究恰恰是领导正确决策的前提和基础，调查研究能力显然就成为领导干部必须练就的基本功。正是因为调查研究对于党员领导干部提高能力来说具有极端的重要性，习近平总书记才强调不论党员领导干部阅历多么丰富，不论从事哪一方面工作，都要始终坚持和不断加强调查研究。

（一）调查研究是党员领导干部提高能力、自我学习提高的过程

调查研究不但帮助党员领导干部了解情况、摸清问题，还是党员领导干部寻求问题解决办法、提高个人能力的重要途经。“你对于那个问题不能解决吗？那末，你就去调查那个问题的现状和它的历史吧！你完完全全调查明白了，你对那个问题就有解决的办法了。”[1]通过调查研究寻找解决问题的办法，是毛泽东同志切身的感受和体会。“我的经验历来如此，凡是忧愁没有办法的时候，就去调查研究，一经调查研究，办法就出来了，问题就解决了。”[2]

调查研究是党员领导干部提高分析和解决问题本领的重要来源，也是党员领导干部结合实践提高理论水平和工作水平的重要渠道。通过调查研究，党员领导干部虚心向群众求教，从群众中学习借鉴解决

---

1 《毛泽东选集》第 1 卷，人民出版社 1991 年版，第 110 页。
2 《毛泽东文集》第 8 卷，人民出版社 1999 年版，第 261 页。

问题的思路和办法。党员领导干部深入群众调查研究的过程，实际上就是提高自己领导水平和工作能力的过程，因为调查研究是了解情况的过程，是科学决策的过程，是推动工作的过程，是联系群众为民服务的过程，也是自我学习、不断提高的过程。通过深入群众、深入基层的调查研究，党员领导干部既能够加强党性修养改进作风，还能够更好地了解实际情况，提高包括认识能力、判断能力、分析能力、沟通能力、执行能力等在内的多方面能力。

（二）党员领导干部通过调查研究可以提高三大政治能力

党员领导干部通过调查研究了解情况、把握问题可以提高政治判断力。判断力来自对实际情况的准确了解，只有了解了真实情况，掌握了问题的本质和规律，才能作出正确的判断。党员领导干部从调查研究入手来谋划工作，基于大量深入的调查研究，自然有助于作出符合实际情况的准确判断。

党员领导干部通过调查研究实现理论与实践相结合可以提高政治领悟力。习近平新时代中国特色社会主义思想是马克思主义中国化时代化的最新理论成果，是通过大量调查研究并凝聚全党智慧产生出来的。要深刻领悟并准确把握习近平新时代中国特色社会主义思想的精髓与核心要义，我们需要通过调查研究把党的这一最新理论与工作实践紧密结合起来，加深对党的最新理论成果的领悟和理解。

党员领导干部通过调查研究进行创造性贯彻落实可以提高政治执行力。党员领导干部要贯彻落实党的路线方针政策和重大决策部署，也必须结合本地区、本部门、本单位实际情况进行调查研究。党的路线方针政策和重大决策部署是基于全国普遍性情况而制定的，但各地区、各部门、各单位实际情况千差万别、情况各异，只有通过深入实际的调查研究进而把党的路线方针政策和重大决策部署与本地区、本部门、本单位的情况有机结合起来，才能做到创造性的贯彻落实，提高执行力。

（三）党员领导干部要掌握调查研究的正确态度和方法

调查研究要有正确的态度和恰当的方法。习近平总书记精准概括了党员领导干部做好调查研究要运用“深、实、细、准、效”的五字诀，这个五字诀是所有党员领导干部做好调查研究工作的基本遵循。

党员领导干部在调查研究过程中必须深入。深入群众、深入基层，到田间地头、厂矿车间、村庄社区等社会各层面去了解情况、解决问题。只有深入一线，采取多种调查方法，多层次、多渠道、多方位开展调查研究，才有可能摸清摸准真实情况、找到真正原因、切实解决问题。

党员领导干部在调查研究过程中作风要实。调查研究是党员领导干部作风的锤炼场和检验场。在调查研究过程中，党员领导干部作风要实，不走过场，不搞形式主义，要轻车简从，直奔基层一线。只有作风务实，才能在调研过程中与群众打成一片，才能赢得基层群众的信任，才能听到实话、摸到实情、办成实事。

党员领导干部在调查研究过程中要细致全面。要深入细致，认真听取各方面的意见，既要了解面上的整体情况，也要掌握点上的具体问题。通过典型调查、蹲点调查等方式，全面系统地了解各项具体情况。只有细致系统、深入全面的调查研究，才能摸清楚具体的情况，找准问题背后的真正原因。

党员领导干部在调查研究过程中对问题把握要准确客观。要通过深入群众、深入基层的细致调查，准确了解情况、摸清问题，透过现象看到内在的本质，把握住真正的规律。

党员领导干部的调查研究要能够出实招、见实效。衡量调查研究成果质量高低的一个重要标准就是看调研能否针对具体问题提出切实可行的办法，拿出具有操作性的措施。调查研究成果要能够在摸清情况、科学决策、推动落实过程中发挥重要作用，能够在调查研究基础上进一步把问题解决好，产生实实在在的效果。

“深、实、细、准、效”五字诀是习近平总书记在身体力行调查研究过程中总结出来的做好调查研究工作的主要方法和基本遵循。党员领导干部要深刻领悟并认真践行调查研究五字诀，提高自己的调查研究能力。

总之，中国共产党在革命、建设和改革的100多年历程中，通过调查研究找到了符合中国实际的正确道路，制定了正确的路线、方针、政策。中国共产党100多年奋斗的历史经验充分说明，重视和善于调查研究是党实现正确领导无比宝贵的重要财富和基本经验。没有调查研究的高度重视和正确运用，就没有中国共产党百年发展的重大成就。我们要深刻认识调查研究关系到党的事业的兴衰成败，认识调查研究是党开展一项工作的基础和正确决策的前提，认识调查研究是党员领导干部必须练就的基本功。它对于加强和改进党的领导，顺利踏上党的第二个百年奋斗目标的新征程，具有不可替代的重要作用。

领导干部破解工作难题的金钥匙

——调查研究这一优良传统不能丢

王传利 *

* 作者为王传利，清华大学马克思主义学院教授、博士生导师。

党的二十大擘画了全面建成社会主义现代化强国、以中国式现代化全面推进中华民族伟大复兴的宏伟蓝图，明确了新时代新征程党和国家事业发展的目标任务。2023 年 3 月，中共中央办公厅印发了《关于在全党大兴调查研究的工作方案》，强调为深入学习贯彻习近平新时代中国特色社会主义思想，全面贯彻落实党的二十大精神，党中央决定，在全党大兴调查研究，作为在全党开展的主题教育的重要内容，推动全面建设社会主义现代化国家开好局起好步。广大党员领导干部应不忘初心、牢记使命，将提高调查研究的能力作为深入学习贯彻习近平新时代中国特色社会主义思想，全面贯彻落实党的二十大精神的具体体现。

调查研究是中国共产党战胜困难、工作制胜的看家本领

习近平总书记强调："调查研究是谋事之基、成事之道。"[1] 在调查研究的基础上解决突出矛盾和问题，是我们党一以贯之的优良传统，是我们党战胜困难、工作制胜的看家本领。在新民主主义革命时期，我们党遇到了许多困难和挫折。依靠群众的力量，吸收群众的智慧，有了群众的支持，任何困难也难不倒共产党人。调查研究也是群众路线和群众观点在中国共产党实际工作中的运用。中央苏区创建时期，

1　习近平：《干在实处　走在前列——推进浙江新发展的思考与实践》，中共中央党校出版社 2006 年版，第 475 页。

在毛泽东同志的带领下，广大党员领导干部养成了深入群众调查研究的好风尚。1933 年，毛泽东同志写下著名的《长冈乡调查》，这是到兴国县长冈乡调查农村问题的结晶，堪称调查研究报告的典范。这种工作方法，也是延安时期局部执政的历史经验。1941 年 8 月，毛泽东同志起草了《中央关于调查研究的决定》，要求全党“力戒空疏，力戒肤浅，扫除主观主义作风，采取具体办法，加重对于历史，对于环境，对于国内外、省内外、县内外具体情况的调查与研究”[1]。党中央通过了《关于实施调查研究的决定》，设立了毛泽东为主任、任弼时为副主任的中央调查研究局。为响应党中央关于调查研究的号召，延安边区先后成立了各种类型的调查团，张闻天带队到陕北和晋西北的农村搞调查，历时一年多。新中国成立后，我国的经济建设和各项事业全面发展，取得了显著成就，但是，也有一段时期主观主义盛行，背离实事求是的要求，刮起了“共产风”“浮夸风”，出现了严重的经济困难局面。在总结这段时期的教训时，毛泽东同志认为，这段时期工作中发生这些失误，根本原因是放松了革命战争年代很有成效的调查研究的作风。在毛泽东同志的倡导下，1961 年被定为“调查研究年”，中央主要领导同志亲自奔赴全国各地调查研究，助力克服经济困难，国民经济很快走上稳步发展的轨道。

调查研究，就是收集信息、处理信息、判断信息、应用信息的

1 《毛泽东文集》第 2 卷，人民出版社 1993 年版，第 361 页。

过程，就是广泛从人民群众中收集实际的而不是虚假的，全面的而不是片面的，系统的而不是零碎的材料，加以分析、整理，从而找到事物内在的本质特点，认识事物的规律，实现主观与客观相统一。调查研究，是马克思主义关于主观必须符合客观的认识论要求，也是人民群众是历史的创造者的唯物历史观的要求。毛泽东同志曾经科学地分析了“从群众中来，到群众中去”的基本内涵，就是“将群众的意见（分散的无系统的意见）集中起来（经过研究，化为集中的系统的意见），又到群众中去作宣传解释”，付诸群众的实践，“并在群众行动中考验这些意见是否正确。然后再从群众中集中起来，再到群众中坚持下去。如此无限循环，一次比一次地更正确、更生动、更丰富”[1]。从群众中来，到群众中去的过程，也就是人的实践、认识、再实践、再认识的过程。这种工作方法，创造性地把马克思主义的认识论与党的群众路线统一起来了，符合现代民主决策的理念，发扬了人民民主，集中了群众智慧，实现了领导与群众的有效沟通，提高了群众执行党的路线方针政策的自觉性和主动性。

当前，提高调查研究的能力，需要克服一些错误观念。比如，个别领导干部强调“没有时间调查研究”。还有人认为，“秀才不出门，便知天下事”，以为信息时代了，办公自动化程度大大提高，坐在办公室里就能了解大量信息，没有必要到群众中进行调查研究。有的基

1 《毛泽东选集》第 3 卷，人民出版社 1991 年版，第 899 页。

层领导干部以熟悉当地情况、经验多自居，以为不做调查研究照样能干好工作。还有个别领导干部口头上高度重视，行动上轻视，把调查研究视为可有可无、可做可不做的事情。他们往往陷入繁文缛节、文山会海，忙于推杯换盏、周旋应酬，或到国外观光访问，以至于没有时间到基层群众中进行调查研究。即便下去调研了，也是敷衍了事，应付差事，“调研调研，到处转转”。他们没有脚踏实地的工作作风，对人民群众的疾苦缺乏了解。我们认为，经过半个多世纪的建设发展，中国越来越接近民族复兴的伟大目标，越来越接近世界舞台的中心。但是，我国依然面临着不少困难和严峻挑战，一些发展不平衡不充分的突出问题尚未得到解决，在政治、经济、文化、生态、意识形态等方面依然存在薄弱环节，还需要发扬调查研究的优良传统。

提高调查研究的能力，有利于科学制定好规划、贯彻落实好政策

领导的科学决策，不是天上掉下来的，需要依靠对实际情况的了解，需要调查研究，需要与群众商量，而不是单纯地从会议室里研究出来的。领导在会议室里开会研究问题，是必要的，但领导开会应该是加工、整理、论证、研究从群众中调查收集来的材料。就本质而言，领导的科学决策，来源于周密深入的调查研究，来源于对客观形势、相关信息和实际情况、事物规律的充分了解和把握。信息丰富可靠，判断精确细密，决策就会科学；信息不通不畅，判断有误，决策就会

失误。决策失误，大都与决策者对信息的了解掌握不够充分和分析判断失误有关。要想避免决策失误，一定离不开调查研究。有的领导拍脑袋上了一些突出政绩的项目，上马后造成严重的环境污染，造成了人力物力的巨大浪费。究其根源，就在于没有深入实际地调查研究，犯了主观主义瞎指挥的错误。只有情况明，才能决心大。习近平总书记指出："调查研究的过程就是科学决策的过程，千万省略不得、马虎不得。"[1]"在调查研究工作中，一定要保持求真务实的作风，努力在求深、求实、求细、求准、求效上下功夫。"[2]对于领导干部而言，调查研究这一优良的工作方法不能丢。

领导班子在决策过程中，往往会出现意见有分歧、难以下决心的局面。人的认识有先后，要杜绝"官大掌握真理多"的思维。领导班子成员的阅历、知识背景、家庭出身不同，对同一个问题的看法往往不同。领导班子与社会各界的眼界和思维方式未必相同，对同一个问题的认识未必一致。解决认识不一致的问题，一个重要而有效的方法，就是去调查研究，用实际调查的事实说话，如此便有助于澄清模糊认识，统一思想。

个别领导干部觉得，中央的大政方针已经决定了，我们在基层工

1　习近平：《干在实处　走在前列——推进浙江新发展的思考与实践》，中共中央党校出版社 2006 年版，第 23 页。

2　习近平：《干在实处　走在前列——推进浙江新发展的思考与实践》，中共中央党校出版社 2006 年版，第 535 页。

作的干部“照葫芦画瓢”就可以了，用不着基层干部在贯彻中央指示时，再“节外生枝”地搞调查研究了。这种观点是不对的。执行上级决定时，一个关键问题是执行者要拿出贯彻落实的具体措施。即使上级指示是正确的，如果执行者不能够制定出具体的落实措施，也是难以实现的。我们要制定出落实执行上级指示的正确而具体的措施，就要做调查研究工作。有一种不负责任的官僚主义作风，那就是不去研究上级指示的精神实质，不去调查研究上级指示与当地实际情况是否相符，不去将上级指示与本地的实际情况结合起来，而是简单机械地照抄上级指示的词句。正确的态度和做法是要吃透上级指示的精神实质，调查研究本地实际情况与上级指示的符合程度，通过调查，找出上级指示与本地实际情况的结合点，创造性地执行上级的决定。只有把上级指示的精神实质与当地实际情况相结合，因地、因时制宜，上级指示才能真正在基层发挥效力。如果说上级指示是阳光，地方实际情况就是土壤，上级指示的阳光照耀在地方实际情况的土壤上，党的事业才能枝繁叶茂。

党的二十大高举中国特色社会主义伟大旗帜，坚持马克思列宁主义、毛泽东思想、邓小平理论、“三个代表”重要思想、科学发展观，全面贯彻习近平新时代中国特色社会主义思想，认真总结过去 5 年的工作，全面总结新时代以来以习近平同志为核心的党中央团结带领全党全国各族人民坚持和发展中国特色社会主义取得的重大成就和宝贵经验，深入分析国际国内形势，全面把握新时代新征程党和国家事业发展新要求、人民群众新期待，制定行动纲领和大政方针，动员全党全国各族人民坚定历史自信、增强历史主动，守正创新、勇毅前行，继续统筹推进“五位一体”总体布局、协调推进“四个全面”战略布局，继续扎实推进全体人民共同富裕，继续有力推进党的建设新的伟大工程，继续积极推动构建人类命运共同体，为全面建设社会主义现代化国家、全面推进中华民族伟大复兴而团结奋斗。要想让党制定的各项任务落实下去，让惠及百姓的各项方针政策贯彻下去，推动党中央大政方针和决策部署在基层落地生根，就有必要号召全党大兴调查研究之风，推动全党崇尚实干、力戒空谈，更有必要推动各级干部行动起来、深入下去，使调查研究在全党蔚然成风。

除此之外，典型经验来自群众的实践，是群众智慧的结晶。总结经验，就是要做系统的调查研究，了解典型经验产生、发展、成熟的过程，了解典型经验的内涵和特点，找出有规律性的东西，由此掌握典型经验的适用范围以及典型经验的优缺点。总结和推广典型经验，需要普遍经验和个别指导相结合。一般来说，典型经验一定程度上反映了事物的发展规律和前进方向，对全局工作有着普遍的指导意义，而要推广好典型经验，必须通过调查研究，搞清楚典型经验的适用范围。经验只能借鉴，不可照抄。不去调查研究，搞不清楚典型经验的适用范围，如此推广典型经验，就有使典型经验归于落空的危险。

提高调查研究的能力，有利于解决热点难点、苗头倾向性问题

认识世界、改造世界的过程并不是轻而易举的。我国四大名著之一的《水浒传》里有“梁山好汉三打祝家庄”的故事，前两次没有做好调查研究，吃了败仗。宋江总结教训，派人深入祝家庄做调查研究，获得了第一手真实情况，才打了胜仗，攻下了祝家庄。与此同理，党政干部在工作的过程中，认识问题，纠正失误，打开工作新局面，不是一件容易的事。在工作中遇到一些困难，出现一些难以避免的失误，工作局面一时打不开，当属正常现象。当出现这种情况时，应抓紧调查研究，求教于基层群众，做人民群众的小学生，查找造成工作困难的主客观原因，在富有历史创造力的人民群众中寻找解决工作难题的答案。

习近平总书记十分重视调查研究的工作方法，他在福建宁德工作时就创造了“四下基层”工作法，深入一线、掌握第一手详细资料。直到今天，习近平总书记还保持着高频次的调查研究。他善于从调研中发现问题、总结国情、寻求规律。习近平总书记强调：“没有调查，就没有发言权，更没有决策权。研究、思考、确定全面深化改革的思路和重大举措，刻舟求剑不行，闭门造车不行，异想天开更不行，必须进行全面深入的调查研究。”[1]

另外，社会热点问题往往是社会大众高度关注、事关大局的问

1 《习近平关于全面深化改革论述摘编》，中央文献出版社 2014 年版，第 38 页。

题，关系到人民群众的切身利益和社会的稳定。随着经济社会的快速发展，我国当前面临较多的热点难点问题，很多问题的解决有一定难度。如何正确处理这些问题，考验着领导干部的执政能力和水平。破解各种工作难题的金钥匙，就是调查研究。要处理好这类问题，我们必须深入到群众工作的第一线，深入群众做全面的调查研究，了解民情、反映民意、集中民智、珍惜民力，找准问题的症结。

“风起于青萍之末。”苗头性、倾向性问题往往反映了事物发展的趋势。在国家发展的过程中，能否及早觉察苗头性、倾向性问题的趋势，是区别一个领导者领导水平高低的标志。一个优秀的领导干部总是能做到见微知著，在事物的发展出现苗头性、倾向性问题时，提前做好预判，提出工作预案。领导干部要想做到早见事、快行动，富有远见卓识，就应当调查研究，掌握情况，把握趋势，摸索规律，不失时机地作出正确判断，牢牢把握领导工作的主动权。

当然，到人民群众中间去调查研究，与重视受过科学规范专业训练的学者专家的意见并不矛盾。综观古今中外有作为的领导，他们都喜欢借助智囊的智慧。随着社会分工的发展，智囊模式也逐步多样化，对领导决策的影响也越来越大。其实，智囊本身也是广义上的人民群众的一部分。即便是从人民群众中相对独立出去的智囊人员，也必须深入调查研究，做到主观与客观相符合，如此才能发挥好智囊的作用。

在大兴调查研究中增强群众工作实效

张志元 *

* 作者为张志元，东北大学马克思主义学院教授。

调查研究是我们党始终秉持的优良作风和光荣传统，是贯彻党的思想路线和群众路线的内在要求。党的二十大对党员干部特别是领导干部带头深入调查研究作出明确要求：“弘扬党的光荣传统和优良作风，促进党员干部特别是领导干部带头深入调查研究，扑下身子干实事、谋实招、求实效。”[1]2023 年 3 月，中共中央办公厅印发的《关于在全党大兴调查研究的工作方案》指出，在全党大兴调查研究，必须坚持党的群众路线，从群众中来、到群众中去，增进同人民群众的感情，真诚倾听群众呼声、真实反映群众愿望、真情关心群众疾苦，自觉向群众学习、向实践学习，从人民的创造性实践中获得正确认识，把党的正确主张变为群众的自觉行动。[2]坚持群众观点要一切为了人民群众，中国共产党始终服务于人民，所经历的一切斗争、一切牺牲、一切创造都是为了不断满足人民群众对美好生活的需要。按照学习贯彻习近平新时代中国特色社会主义思想主题教育的总要求“学思想、强党性、重实践、建新功”，把为民造福作为最大政绩，用心用情用力解决好人民群众关心的实际问题。“要深入研究和准确把握新形势下群众工作的特点和规律，改进群众工作方法，提高群众工作水平。”[3]做好群众工作，需要在传承和发扬党的优良传统的基础上，根据群众

---

1 《习近平著作选读》第 1 卷，人民出版社 2023 年版，第 56 页。

2 《中办印发〈关于在全党大兴调查研究的工作方案〉》,《人民日报》2023 年 3 月 20 日。

3 《筑牢理想信念根基树立践行正确政绩观　在新时代新征程上留下无悔的奋斗足迹》,《人民日报》2022 年 3 月 2 日。

工作的新情况和新要求，善于改进和更新工作方法，让人民群众获得感、幸福感、安全感更加充实、更有保障、更可持续。

科学把握调查研究在群众工作中的重要性

调查研究是中国共产党做好群众工作的“传家宝”，是做好群众工作的基本功，要在调查研究中不断提高群众工作真本领。习近平总书记指出：“调查研究要经常化。要坚持到群众中去、到实践中去，倾听基层干部群众所想所急所盼，了解和掌握真实情况。”[1]深入开展调查研究，自然是要到基层去，到真正可以深入了解人民群众的地方去。科学把握调查研究在群众工作中的重要性，从而练就在人民群众中精准发现问题的本领，善于从人民群众中汲取智慧、提升能力。

调查研究是践行全心全意为人民服务根本宗旨的内在要求。习近平总书记在党的二十大报告中指出：“全党要坚持全心全意为人民服务的根本宗旨，树牢群众观点，贯彻群众路线，尊重人民首创精神，坚持一切为了人民、一切依靠人民，从群众中来、到群众中去，始终保持同人民群众的血肉联系，始终接受人民批评和监督，始终同人民同呼吸、共命运、心连心，不断巩固全国各族人民大团结，加强海内外中华儿女大团结，形成同心共圆中国梦的强大合力。”[2]中国共产党始终

1 《年轻干部要提高解决实际问题能力 想干事能干事干成事》，《人民日报》2020 年 10 月 11 日。
2 《习近平著作选读》第 1 卷，人民出版社 2023 年版，第 57—58 页。

坚持全心全意为人民服务的根本宗旨，始终牢记初心使命，始终代表最广大人民的根本利益，与人民休戚与共、生死相依，使党的根基牢牢扎根于广大群众之中，形成了强大的凝聚力和号召力。党的性质和宗旨决定了党要回答好“我是谁”“为了谁”“依靠谁”的问题，要始终坚持以人民为中心，夯实最广泛、最可靠、最牢固的群众基础。做好群众工作是践行全心全意为人民服务这一根本宗旨的具体体现，从事群众工作的党员领导干部要牢固树立宗旨意识，增强使命感和责任感，将服务人民群众、造福人民群众作为最大政绩，用心用情用力解决好人民群众急难愁盼问题。中国共产党必须正视人民群众的利益诉求，根据社会发展水平和条件，围绕社会现实需要做好群众工作，始终聚焦于人民群众普遍关心的问题，真正做到服务于民、便利于民。

调查研究是坚持马克思主义群众观的根本所在。人民群众是历史的创造者，这是马克思主义唯物史观的基本观点。中国共产党要树立群众观点，坚持一切为了人民群众，始终服务于人民群众，党所制定的一切路线、方针、政策都是为人民群众谋利益、谋幸福，都是符合人民群众根本利益的。坚持群众观点要一切向人民群众负责，党从事的一切活动都要能够给人民群众带来实实在在的利益，尽量规避可能出现的失误和错误，努力维护人民群众的根本利益。人民对美好生活的向往就是我们的奋斗目标。“好的方针政策和发展规划都应该顺应人民意愿、符合人民所思所盼，从群众中来、到群众中去。长期以来，我们党在出台重要方针政策、作出重大决策部署前，都要求有关部门深入基层调查研究，了解和掌握第一手材料。”[1]坚持群众观点要向人民群众学习，人民群众拥有无限的智慧和丰厚的经验，只有虚心地拜人民群众为师，诚恳地向他们学习，归纳总结知识和经验，并将知识应用于实践中，才能更好地引导和服务群众。领导干部要将群众观点贯穿调查研究工作的始终，时刻将人民群众放在首位，实事求是地开展调查研究工作，认真学习相关专业知识和科学理论，在实践中积累工作经验，不断增强工作本领，更好地为人民群众解决困难，坚持严于律己，保持优良作风，树立和维护好共产党员的良好形象，进一步密切党群关系，始终保持党同人民群众的血肉联系。

调查研究是创新群众工作方式方法的生动体现。中国共产党成立以来，在革命、建设和改革的长期实践中，始终将群众工作放在重要位置，凝练总结出大量做好群众工作的方式、方法，团结凝聚全国各族人民，带领人民群众不断创造美好生活。伴随着社会的不断发展和进步，做好群众工作也要不断创新工作方法。习近平总书记多次强调指出：“要顺应时代要求、适应社会变化，善于创造科学有效的工作方法。”[2]“要深入研究和准确把握新形势下群众工作的特点和规律，改进

1 《习近平谈治国理政》第 4 卷，外文出版社 2022 年版，第 58 页。
2 《习近平谈治国理政》第 1 卷，外文出版社 2018 年版，第 47 页。

群众工作方法，提高群众工作水平。”[1]做好群众工作，需要在传承和发扬党的群众路线的优良传统和历史经验的基础上，根据群众工作的新进展、新要求，善于借助多方力量，不断改进和更新工作方法，采用人民群众易于接受的方式和喜闻乐见的语言来建立良好的互动关系。要围绕大局反映情况、报送信息，做“千里眼、顺风耳”，把各方面新情况新问题、贯彻落实党中央方针政策的意见和建议、干部群众关注的热点焦点问题等及时收集上来，归纳综合，分析研判，第一时间报送党中央，为党中央科学决策提供重要依据。[2]在基层深入开展调查研究工作，是走好新时代党的群众路线的内在要求，能够及时把握群众工作可能出现的新情况，找到群众工作的新特点、新规律，在调查研究中把群众工作做实做深做细做透，推进群众工作取得事半功倍的效果。

在把握大兴调查研究的本质要求中做好群众工作

把握好大兴调查研究的本质要求是做好群众工作的关键。要根据新时代群众工作的实际情况和发展要求，在以往工作经验的基础上，不断增强工作本领，了解群众的愿望、心声，努力寻求行之有效的群众工作方式方法。

---

1 《筑牢理想信念根基树立践行正确政绩观　在新时代新征程上留下无悔的奋斗足迹》，《人民日报》2022 年 3 月 2 日。

2 习近平：《论坚持党对一切工作的领导》，中央文献出版社 2019 年版，第 65 页。

一是必须坚持党的群众路线。群众路线作为中国共产党的生命线和根本工作路线，是中国共产党从胜利走向新胜利的重要法宝。社会主义事业归根结底是人民群众的事业，党员干部要坚持“从群众中来，到群众中去”的群众路线，始终站稳群众立场，真诚增进群众感情，善于同群众打交道、为群众办实事解难题，相信依靠群众，密切联系群众，教育引导群众，团结凝聚群众。党员干部必须宣传群众路线，学习群众路线，贯彻落实群众路线，坚持党的群众路线，做好新时代群众工作。开展调查研究工作是切实深入群众、密切联系群众的重要方式，能够在“润物细无声”中开展群众路线教育实践，把群众的关切和诉求贯穿到调查研究工作的全过程。党员干部进行调查研究是一个联系群众、为群众办事的过程，不仅要“身到”群众中，更要“心到”群众中，对于涉及群众利益的问题，注重解决群众最急最忧最盼的紧迫问题，做到积极主动调研、深入解决问题。在开展调查研究的过程中，党员干部要对“顺耳话”和“逆耳言”同样认真对待，既要让群众反映实际情况，也要请群众提出自身意见。只有深入群众、了解群众、联系群众、服务群众，才能真正获取实情，才能使群众工作取得实效。

二是必须坚持实事求是。在调查研究中做好群众工作，党员干部必须坚持实事求是，坚守党性原则，一切从实际出发，理论联系实际，听真话、察实情，坚持真理、修正错误，有一是一、有二是二，既报喜又报忧，不唯书、不唯上、只唯实。调查研究是贯彻实事求是思想路线的最佳途径。习近平总书记多次强调："坚持从实际出发，前提是深入实际、了解实际，只有这样才能做到实事求是。""要了解实际，就要掌握调查研究这个基本功。"[1] 党员干部在开展调查研究的工作中能否坚持实事求是的思想路线，决定着他们能否讲真话、讲实话，求实效、干实事。一方面，调查研究须在"实"上下功夫。我们主张进行调查研究就是为了给科学决策提供可靠依据，调查研究重在对客观实际情况的调查了解与分析研究，只有掌握客观、全面、真实的第一手材料，才能找准潜藏在现象背后的矛盾与问题，实现从感性认识到理性认识的飞跃。只有聚焦实际需求来确定调研主题才能确保方向不发生偏移，在深入基层联系群众的过程中找准问题的根源所在。另一方面，调查研究的关键在于"求是"。"求是"一词直截了当地概括了调查研究的两个重要方面——"真研究问题"和"研究真问题"。调查研究不能仅仅停留在社会现象的表面，需要我们运用科学的思维方式透过纷繁复杂的社会现象，挖掘出内在联系与逻辑关系，将调研所得到的零散认识进行系统化分析，从而深刻剖析问题产生的深层次原因。因此，我们在调查研究过程中既要注重"实事"又要做到"求是"，如此才能使调研取得实效，真正体现出调研的现实价值。

三是必须坚持问题导向。党的二十大报告指出："要增强问题意

1 《习近平谈治国理政》第 4 卷，外文出版社 2022 年版，第 58 页。

识，聚焦实践遇到的新问题、改革发展稳定存在的深层次问题、人民群众急难愁盼问题、国际变局中的重大问题、党的建设面临的突出问题，不断提出真正解决问题的新理念新思路新办法。”[1]问题是时代的声音，回答并指导解决问题是理论研究的根本任务。今天我们所面临问题的复杂程度、解决问题的艰巨程度明显加大，给理论创新提出了全新要求。

深入学习贯彻习近平总书记关于调查研究的重要论述，始终坚持问题导向，致力于解决人民群众的急难愁盼问题，以问题为导向开展群众工作，维护人民群众的合法权益。首先，力戒形式主义、官僚主义，在开展调查研究的实践中，转变工作作风，在尊重客观规律的同时坚持为人民群众办实事，脚踏实地，将工作重心向基层下沉，真抓实干解民忧、纾民怨、暖民心。其次，做好调查研究工作必须认清并掌握当前经济社会所处的新形势、亟待完成的新任务，以锲而不舍、驰而不息的决心和毅力，推动解决群众急难愁盼的问题。再次，开展调查研究的过程并不是一帆风顺的，会出现“拦路虎”，也会出现“小苍蝇”。习近平总书记指出：“要深入整治民生领域的‘微腐败’、放纵包庇黑恶势力的‘保护伞’、妨碍惠民政策落实的‘绊脚石’，促进基层党组织全面过硬。”[2]因此，基层党组织必须全面过硬，团结带领

1 《习近平著作选读》第 1 卷，人民出版社 2023 年版，第 17 页。
2 《一以贯之全面从严治党强化对权力运行的制约和监督 为决胜全面建成小康社会决战脱贫攻坚提供坚强保障》，《人民日报》2020 年 1 月 14 日。

人民群众同“微腐败”“保护伞”“绊脚石”进行顽强斗争，将问题滋生的土壤彻底铲除，坚决同腐败问题和不正之风划清界限。

四是必须坚持攻坚克难。“敢于攻坚克难”是党和国家各项事业取得历史性成就、实现历史性变革的100多年征程中，所淬炼出来的鲜明品格，也是开展调查研究必须始终坚持的重要原则。习近平总书记指出：“下去调研，要去一些困难多的地方、问题多的地方，调研不是光看好的。”[1]这为我们开展调查研究提供了方向指引，调研的目的就是在于发现问题、解决问题，只有到矛盾困难突出的、群众反映强烈的地方去体察民情，才能通过调研掌握突出问题。我们必须在调查研究过程中坚持攻坚克难，强化斗争意识，发扬斗争精神，增强斗争本领，全力把调查研究成果转化为推进工作、解决困难的实际成效。

首先，要强化斗争意识。党员干部要自觉地将斗争意识融入自身的职责使命中，深入基层调研，解决群众急难愁盼问题。《关于在全党大兴调查研究的工作方案》中提出的12个方面的主要调研内容，为我们开展调查研究提供了方向指引。其次，要发扬斗争精神。随着调研范围的扩大与程度的加深，新情况新问题也将随之增多，斗争精神成为我们党克服风险挑战的关键所在。广大党员干部要勇于涉险滩、破难题，敢于知难而进、迎难而上，在敢战能胜中展现作为与担当。再次，要增强斗争本领。习近平总书记在党的二十大报告中指出：“加强

1 《论群众路线：重要论述摘编》，中央文献出版社2013年版，第126页。

干部斗争精神和斗争本领养成，着力增强防风险、迎挑战、抗打压能力，带头担当作为，做到平常时候看得出来、关键时刻站得出来、危难关头豁得出来。”[1]斗争精神与斗争本领的养成必须回归到实践，党员干部要在实践锻炼、专业训练中锻造超强的斗争本领。最后，面对复杂多变的国内外形势，广大党员干部要在复杂严峻斗争中经受历练，在应对复杂局面、解决棘手问题的过程中，提升调查研究的能力和本领，在应对重大挑战、抵御重大风险、克服重大阻力、解决重大矛盾的过程中增强调查研究实效。

五是必须坚持系统观念。《关于在全党大兴调查研究的工作方案》提出："必须坚持系统观念，深入实际、深入基层、深入群众调查了解情况，把握好全局和局部、当前和长远、宏观和微观、主要矛盾和次要矛盾、特殊和一般的关系，前瞻性思考、全局性谋划、整体性推进党和国家各项事业。”[2]这不仅体现了党中央对大兴调查研究必须坚持系统观念的重要要求，也为全党大兴调查研究、做好各项工作提供了思想指引和方法遵循。

习近平总书记指出："我们一方面要加强调查研究，准确把握客观实际，真正掌握规律；另一方面要坚持发展地而不是静止地、全面地而不是片面地、系统地而不是零散地、普遍联系地而不是单一孤立

1 《习近平著作选读》第 1 卷，人民出版社 2023 年版，第 55 页。
2 《中办印发〈关于在全党大兴调查研究的工作方案〉》，《人民日报》2023 年 3 月 20 日。

地观察事物，妥善处理各种重大关系。”[1]首先，必须把握调查研究对象的系统性。唯物辩证法揭示出世界上万事万物之间都存在着一定的联系，在确定调查研究对象的问题上党员干部必须系统地、全面地、辩证地看待新形势新问题，把各个领域各个环节的工作全部统筹起来，避免用孤立的、静止的、片面的眼光看问题。其次，必须掌握调查研究方法的系统性。调查研究方法的科学合理性直接影响到调查研究结果，面对层出不穷、纷繁复杂的问题，只有针对不同调查对象综合运用科学合理的调查方法才能实现预期目标。习近平总书记特别强调调查方法的系统性，认为“蹲点调研”“解剖麻雀”等调研方式依然是管用的，“现场看、当面听、直接问和‘七嘴八舌式’的讨论”更加真实鲜活，用好交换、比较、反复的方法，反映了唯物辩证法的思想认识和工作方法。再次，必须注重调查研究过程的系统性。调查研究是一项长期性与复杂性相互交织的系统性工作，从调查研究方案的制定、范围的划分、问题的梳理到调研成果的转化应用等，都需要以系统思维进行合理规划与统一安排。最后，必须坚持调查研究结果的系统性。获取调查研究结果并不意味着调研活动的结束，只有系统剖析调查研究中所发现的矛盾问题，把握其内在的联系与规律，找到解决问题的方式方法，即全面系统地弄清楚“是什么、为什么、怎么办”的核心问题，注重效果导向，才能反映出调查研究工作的成效。

1　习近平：《论党的宣传思想工作》，中央文献出版社 2020 年版，第 130 页。

凝聚大兴调查研究的共识和力量增强群众工作实效

习近平总书记在参加十四届全国人大一次会议江苏代表团审议时指出："人民幸福安康是推动高质量发展的最终目的。基层治理和民生保障事关人民群众切身利益，是促进共同富裕、打造高品质生活的基础性工程，各级党委和政府必须牢牢记在心上、时时抓在手上，确保取得扎扎实实的成效。"[1]群众工作的本质内涵是密切党群关系，核心是正确处理人民内部矛盾。密切党群干群关系，保持同人民群众的血肉联系，是中国共产党立于不败之地的根基。党的十八大以来，习近平总书记率先垂范、以身作则，强调"打铁必须自身硬"，强调"我将无我，不负人民"，以习近平同志为核心的党中央积极发扬党的优良作风，重塑党群关系、干群关系、政商关系，与人民群众增进了鱼水深情。

一是强化群众意识以实现群众利益。群众意识是"为了谁、依靠谁"的问题，是对待人民群众的态度问题和感情问题。毛泽东同志曾指出："党群关系好比鱼水关系。"[2]鱼儿不可能离得开水，党员干部要自觉把自己放在人民公仆的位置上，始终将群众利益视为最高利益，明确为人民群众谋利益是共产党人的天职。只有自觉强化群众意识，党员干部才能真正改善党群关系，维护好同人民群众的感情，同群众

1 《牢牢把握高质量发展这个首要任务》,《人民日报》2023 年 3 月 6 日。
2 《建国以来重要文献选编》第 10 册，中央文献出版社 1994 年版，第 488 页。

同甘共苦。“群众利益无小事，一枝一叶总关情。”强化群众意识，要求党员干部不断增进同人民群众的感情，始终把人民放在心中最高位置，切实维护广大人民的根本利益，将服务人民视为自我价值的最好实现，把实现人民群众对美好生活的向往作为自己最重要的政绩。是否具有群众意识是衡量党员干部是否合格的重要标尺之一，也是践行全心全意为人民服务根本宗旨的前提。领导干部要在群众工作实践中增强群众意识。首先，要坚持一切为了群众，始终将群众利益放在第一位，从内心真正地将自己的事业前途与人民群众实现幸福生活有机地结合起来。其次，要坚持一切依靠群众，保持密切的党群干群关系，尊重人民群众的主体地位，引导人民群众积极发挥创造力、发展生产力，虚心请教人民群众的经验和智慧，不断完善群众工作。最后，用人民群众满意度这把“标尺”衡量领导干部履职成效，党员领导干部要把人民群众利益放在首位，坚持问计于民、施计于民，深入开展调查研究，站在人民的立场上，增进人民福祉，不断增强人民群众获得感、幸福感、安全感。

二是坚持深入群众以了解社情民意。《关于在全党大兴调查研究的工作方案》指出，在全党大兴调查研究，要紧紧围绕全面贯彻落实党的二十大精神、推动高质量发展，直奔问题去，实行问题大梳理、难题大排查，着力打通贯彻执行中的堵点、淤点、难点。党员干部开展群众工作要坚持群众观点，密切联系人民群众，积极主动地拉近与人民群众的距离，倾听人民群众呼声，了解社情民意。党员干部要带着深厚的感情在基层一线倾听群众呼声，切不能以“拒人于千里之外”的姿态面对人民群众，要以喜闻乐见的形式了解基层人民群众的心声。人民群众提意见、提建议，说明他们有期盼、有诉求，也说明群众工作还有亟须改进的地方。党员干部要善于从人民群众的意见和建议中抓住关键信息，精准捕捉到当前工作状况同人民群众新期待之间的差距，把听取回应人民群众的意见和建议当作主要工作来抓，切实维护好人民群众的根本利益。领导干部要转变作风，注重倾听人民群众的意见和呼声。倾听群众呼声才能了解社情民情，才能找准工作的着力点，进而取信于民。多听群众的建议和意见，即使意见与事实有出入，也要允许人民群众讲清前因后果。只有把征求人民群众意见的过程，变为同人民群众交心的过程，变为释疑解惑的过程，才能更好地拉近距离，树立亲民的形象。党员干部要学会做群众工作，服务好人民群众，不羞于俯下身子，做到善于倾听，才能了解民情，顺应民意，赢得民心，才能将群众工作做实。

三是注重改善民生以办好利民实事。时代是出卷人，我们是答卷人，人民是阅卷人。人民是我们党的工作的最高裁决者和最终评判者。我们必须始终坚持人民立场，坚持人民主体地位，虚心向人民学习，倾听人民呼声，汲取人民智慧，把人民拥护不拥护、赞成不赞成、高兴不高兴、答应不答应作为衡量一切工作得失的根本标准。一要坚持科学原则。树牢系统思维，把民生实事的选定放到经济社会发展的大局中，系统安排，提前谋划，做到协调推进和整体跃升。对于人民群众提出的意见和建议，党员干部必须予以高度重视，全面梳理，集中讨论，最终制定出具有针对性和可操作性的有效举措。二要坚持普惠原则。民生实事的最终确立，应该注重普惠、保障基本。党员干部应主动站在群众角度思考问题，将心比心，让现代化建设成果更多更公平惠及全体人民。此外，党员干部办好民生实事要实实在在，做到言而有信、有始有终，解决群众的操心事、揪心事，让人民群众看得见、摸得着、感受得到。三要坚持特惠原则。党员干部为老百姓办实事就要多雪中送炭，开展群众工作要注意将公共资源向基层聚集，将特惠倾斜政策向困难群体倾斜，最大限度地让全体人民得到实惠。党员干部必须以人民群众的根本利益为根本出发点，聚焦人民群众急难愁盼问题，不断创新工作方式方法，办好利民实事，力争开创群众工作新局面。

开展调查研究就是走群众路线。坚持群众路线，就是要坚持人民是决定我们前途命运的根本力量。习近平总书记指出："国家各项工作都要贯彻党的群众路线，密切同人民群众的联系，倾听人民呼声，回应人民期待，不断解决好人民最关心最直接最现实的利益问题，凝聚起最广大人民智慧和力量。"[1] 调查研究是我们党的"传家宝"，是做好

1　习近平：《论坚持人民当家作主》，中央文献出版社 2021 年版，第 75 页。

各项工作的基本功。悠悠万事，民生为大。调查研究是谋事之基、成事之道，要时刻保持解决大党独有难题的清醒和坚定，始终坚持以人民为中心的发展思想，胸怀“国之大者”，心系“民之所向”，发扬“功成不必在我、功成必定有我”的精神，以“时时放心不下”的责任感，带头解决好群众的烦心事揪心事，真抓实干，努力让人民群众过上更好的日子。

调查研究的哲学支撑和方法论探析

杨玉成 *

* 作者为杨玉成，中共中央党校（国家行政学院）哲学教研部教授、博士生导师。

调查研究是中国共产党人了解情况、把握事物的本质和发展规律、进行科学决策、实现正确领导的重要基础，是中国共产党的优良传统和重要工作制度，也是各级领导干部必须掌握的一项基本功。

辩证唯物主义认识论是调查研究的哲学支撑

习近平总书记指出："马克思主义的辩证唯物主义、历史唯物主义世界观和方法论，党的实事求是的思想路线，党的从群众中来、到群众中去的根本工作路线，都要求我们的领导工作和领导干部必须始终坚持和不断加强调查研究。"[1]这一论断告诉我们，调查研究是马克思主义世界观和方法论的根本要求，也是我们党思想路线和根本工作路线的根本要求。调查研究是辩证唯物主义认识论的基本原理在实际工作中的具体运用，辩证唯物主义认识论构成我们党坚持调查研究的哲学基础。

在认识的来源问题上，辩证唯物主义认识论认为，实践是认识的唯一来源，人们对于客观事物的认识终究来源于直接的实践经验。当然，辩证唯物主义认识论也承认，由于每个人所拥有的时间和精力总是有限的，他所从事的工作也总是局限在一定范围内，即使在其本职工作范围内，也不可能事必躬亲，事事都靠自己去实践，因此，人们认识的发展和知识的积累，一方面固然要通过亲身实践去获得直接的

1　习近平：《谈谈调查研究》，《学习时报》2011 年 11 月 22 日。

实践经验；另一方面也要靠学习和汲取前人和同时代人的实践经验和知识，获得间接的实践经验和知识。调查研究就是获得间接经验乃至直接经验的重要途径和方法，一方面，通过参观、蹲点等调查形式，可以直接获得感性知识，这就属于直接经验；另一方面，通过查阅相关资料和开调查会等形式，可以获得间接经验和知识。

关于认识发展和深化问题，辩证唯物主义认识论认为，认识的辩证运动是一个在实践基础上从感性认识到理性认识，再从理性认识到实践，实践—认识—再实践—再认识，循环往复以至无穷的辩证发展过程。这个过程实际上有两个方面：一个是从感性认识到理性认识，再从理性认识到实践的具体的认识过程；另一个是实践、认识、再实践、再认识，循环往复以至无穷的认识发展的总过程。无论是从具体的认识过程看，还是从认识发展的总过程看，调查研究都在认识发展和深化过程中扮演着极其重要的角色。调查—研究—再调查—再研究与辩证唯物主义认识论的实践—认识—再实践—再认识本质上是一致的。正是在这个意义上说，马克思主义者把调查研究看作辩证唯物主义认识论的具体体现。

从感性认识到理性认识的飞跃过程本质上就是调查研究过程。认识的辩证运动，首先是由实践到认识的过程，它具体表现为在实践基础上形成感性认识，并实现由感性认识到理性认识的能动的飞跃。感性认识和理性认识是认识过程中两个不同质的阶段。感性认识是认识的初级阶段，其特点是以生动具体的形象直接反映外部世界，其局限性在于它只能把握个别而不能把握一般，只能把握现象而不能把握本质和规律。因此，认识不能仅仅停留在感性阶段，而必须上升到理性阶段。理性认识是认识的高级阶段，其特点表现为一系列抽象和概括、分析和综合的过程。理性认识综合各方面的感性材料，经过去粗取精、去伪存真，由此及彼、由表及里的加工处理，形成概念、作出判断、进行推理，从而获得关于事物的本质及其发展规律的认识。

由感性认识到理性认识的过程，充分体现于调查研究过程中，与调查研究过程本质上是一致的。调查研究包括调查了解和分析研究两个互相联系的环节，二者构成一个完整的调查研究过程。相对而言，调查了解更多地带有感性认识色彩，侧重于搜集材料，为分析研究做准备；分析研究则更多地带有理性认识色彩，侧重于对通过调查了解得来的感性认识材料进行理性加工，即进行抽象和概括、分析和综合，把握事物的本质和发展规律。当然，正如在人们的实际认识过程中感性认识和理性认识不是截然分开的，而是相互联系、相互交织的，在实际调查研究工作中，调查了解与分析研究这两个环节也不是截然分开的，而是相互联系、相互交织的。

从理性认识到实践的飞跃过程必然要进行调查研究。在实践基础上从感性认识到理性认识，是认识过程的一次飞跃，但认识过程并不止于此，还需要由理性认识再回到实践中，实现认识过程的又一次重要飞跃。由理性认识回到实践的过程，实质上就是用理性认识指导实践活动的过程，这个过程一方面是从认识到实践、从观念活动向物质活动转化的过程，另一方面也是认识的深化过程，是用实践的成功与否来检验理性认识是否正确的过程，是对已经取得的理性认识进行修正、补充、丰富和发展的过程。因此，坚持理论（即理性认识）与实践相结合是辩证唯物主义认识路线的根本要求。而坚持理论与实践相结合的中心环节就是调查研究。特别是对于党员领导干部而言，只有通过调查研究才有可能在理性认识的指导下，通过概括和总结广大人民群众在实践中创造的新鲜经验，从而制定出指导全局工作的路线方针政策。在执行党的路线方针政策过程中，也只有对实际情况进行调查研究，才能把党的路线方针政策同本地区、本部门、本单位的实际情况结合起来，做到理论联系实际。同时，也只有通过调查研究才能了解原有的理性认识成果（包括方针、政策和决策部署等）是否符合客观实际，并能及时进行修正和发展，从而更好地做到理论与实践相结合。

认识运动的循环往复和不断发展要求坚持和加强调查研究。人们对某个具体对象的认识，不可能一蹴而就。由于受到各种主客观条件的限制，人们的认识总是要经历在实践基础上由感性认识到理性认识、再由理性认识到实践的多次反复才能达到预期目标。某一思想、理论、计划、方案等，经过实践、认识、再实践、再认识的多次反复，如果在多次实践检验中达到预期结果，才算达到预期的认识目标。然而，人们的认识运动并没有真正完结。因为自然界和人类社会中的任何一个具体事物都不是固定不变、静止不动的，它必然会随着时间的推移和实践的变化发展而处于不断变化发展之中。与此相应，人们的认识也必须随着客观事物的变化发展而变化发展，从而使我们的主观认识与不断变化发展的客观实际保持一致。那么，如何才能使我们的主观认识符合不断变化发展的客观实际呢？调查研究是沟通主观与客观的重要桥梁。人们唯有通过对事物开展深入、系统、周密的调查研究，才有可能获得关于该事物的正确认识，也唯有对同一事物进行跟踪式的调查研究，才能不断了解该事物在变化发展中出现的新情况、新问题，不断获得关于该事物的新认识，从而使我们的主观认识与变化发展的客观实际相一致。这也就是说，认识运动的循环往复和不断发展必然要求我们必须始终坚持并不断加强调查研究。

调查研究的基本原则

辩证唯物主义认识论不仅构成坚持调查研究的哲学依据，也在很大程度上规定着调查研究的基本原则。

调查研究要坚持问题导向。辩证唯物主义认识论认为，认识世界的根本目的在于改造世界，在于指导实践。中国共产党人搞调查研究的根本目的就是发现和认识中国革命、建设和改革过程中的各种实际问题，找到解决问题的思路对策和办法，并将其用于指导我们的实践。因此我们必须带着问题去调研，并且在整个调研过程中必须保持清醒的问题意识，不能漫无目的地调查了解各种各样的实际情况，而是要深入调查了解与所要解决的问题有关的实际情况，通过分析研究把握问题的本质和规律，从而提出应对问题的有效对策和办法。习近平总书记指出："调查可围绕各阶段中心工作和突出问题进行。"[1]经济社会发展各个阶段的主要矛盾和主要任务不同，中心工作和突出问题也就不同。

调查研究要坚持实事求是。这是调查研究需要坚持的最根本的原则。调查研究要有问题意识，要带着问题去搞调研，但又不能带着事先定好的"调子"或条条框框去搞调研。习近平总书记指出："调查研究必须坚持实事求是的原则，树立求真务实的作风，具有追求真理、修正错误的勇气。"[2]调查研究就是通过系统深入的调查，全面了解和掌握"实事"；通过研究，即经过抽象思维，对调查所获得的大量感性材料进行去粗取精、去伪存真的分析，将能够反映事物本质和规律的材料集中起来，对它们进行由此及彼、由表及里的综合，从而把握事物的"是"，即把握事物的内部联系或规律性，并且提出解决问题的思路和对策。调查研究实际上就是党的思想路线中"实事求是"这一

1 《让群众过上好日子——习近平正定足迹》，人民出版社、河北人民出版社 2022 年版，第 172 页。
2 习近平：《谈谈调查研究》，《学习时报》2011 年 11 月 22 日。

环节的具体体现，是党的思想路线的必然要求。

调查研究作为实事求是的具体体现，是在搞清“实事”基础上的“求是”，因此必须坚持从客观实际出发得到结论，坚持通过科学的论证得到结论，坚持结论产生在调查研究之后。那种事先定下“调子”而后去寻找例证的所谓“调查研究”是违背实事求是原则的。此外，对调查了解到的真实情况和各种问题，要坚持有一是一、有二是二，既报喜又报忧，不唯书、不唯上、只唯实的原则。敢于以实事求是的态度对待真实情况，这是领导干部党性强的表现，而不愿正视现实、不敢讲真话，报喜不报忧，不仅违背实事求是原则，也是党性不强甚至缺乏党性的表现。

调查研究要坚持群众路线。辩证唯物主义认识论认为，实践是认识的唯一来源，也是检验认识正确与否的唯一标准。人民群众是社会实践的主体，他们的实践是正确认识的源泉，也是检验和深化认识的根本所在。1943 年 6 月，毛泽东同志在《关于领导方法的若干问题》一文中首次把党的群众路线提高到党的认识路线高度，指出“在我党的一切实际工作中，凡属正确的领导，必须是从群众中来，到群众中去。这就是说，将群众的意见（分散的无系统的意见）集中起来（经过研究，化为集中的系统的意见），又到群众中去作宣传解释，化为群众的意见，使群众坚持下去，见之于行动，并在群众行动中考验这些意见是否正确。然后再从群众中集中起来，再到群众中坚持下去。

如此无限循环，一次比一次地更正确、更生动、更丰富。这就是马克思主义的认识论”[1]。这段有关群众路线的经典论述，深刻阐述了党的群众路线的认识论意义。由此可见，我们党的根本工作路线，本质上也是马克思主义认识路线，它要求领导干部到群众中开展调查研究，一方面把广大人民群众在实践中创造的新鲜经验上升为指导全局工作的方针政策和工作部署；另一方面通过了解和掌握广大人民群众的实践效果来检验方针政策和工作部署的真理性。

正是基于群众路线本质上是马克思主义认识路线，毛泽东同志指出调查研究要有眼睛向下，甘当小学生，虚心向群众学习的态度。习近平总书记指出：“搞好调查研究，一定要从群众中来、到群众中去，广泛听取群众意见。”[2]他要求各级领导干部搞调查研究要放下架子、扑下身子、深入田间地头和厂矿车间，同群众一起讨论问题，倾听他们的呼声，体察他们的情绪，感受他们的疾苦，总结他们的经验，汲取他们的智慧。

调查研究要“求深”“求全”“求效”。所谓“求深”，一方面是要深入基层、深入群众做直接调查，了解和掌握第一手材料。领导干部不仅要“身入”基层和群众，更要“心入”基层和群众，善于与群众交朋友，善于到基层群众中去解决问题，这样才能了解到民心民意，

1 《毛泽东选集》第 3 卷，人民出版社 1991 年版，第 899 页。

2 习近平：《谈谈调查研究》，《学习时报》2011 年 11 月 22 日。

了解到事物的真实情况。另一方面是要对各种现象作深入思考，透过现象看本质，不被表面现象所迷惑。

所谓“求全”，一方面是要求调查的面尽可能广泛，多层次、多方位、多渠道地调查了解情况，既要调查机关，又要调查基层；既要调查干部，又要调查群众；既要解剖典型，又要了解全局；既要到工作局面好、先进的地方去总结经验，又要到困难较多、情况复杂、矛盾尖锐的地方去研究问题。另一方面是要求坚持系统观念，把所调查的事物放到全局系统中加以考察，也就是全面分析情况，窥一斑而知全豹，不要盲人摸象。

所谓“求效”，即衡量调查研究做得好不好，关键要看实效，看调查研究成果能不能用、能不能解决问题。习近平总书记强调：“调查研究的根本目的是解决问题，调查结束后一定要进行深入细致的思考，进行一番交换、比较、反复的工作，把零散的认识系统化，把粗浅的认识深刻化，直至找到事物的本质规律，找到解决问题的正确办法。”[1]如果分析研究不够，就无法真正掌握事物的规律，不能真正解决问题，无法实现调查研究的初衷。

调查研究要“始终坚持”和“不断加强”。习近平总书记指出：“为什么对领导干部的调查研究，要强调‘始终坚持’和‘不断加强’呢？一是因为我们所肩负的任务是不断变化的，原有的任务完成

1　习近平：《谈谈调查研究》，《学习时报》2011 年 11 月 22 日。

了，新的任务又摆到了面前，又需要重新学习和调查研究。二是因为我们党的领导干部是要不断地进行新老交替和不断地调换工作岗位的。”“三是客观事物总在不断变化，新矛盾新问题每日每时都在出现。”[1]为了保证领导干部始终坚持和不断加强调查研究，习近平总书记提出要通过制度化来保证调查研究的经常化，指出要坚持和完善三项制度，即先调研后决策的重要决策调研论证制度，领导机关、领导干部的调研工作制度和领导干部的联系点制度。

调查研究的具体方法

中国共产党人不仅善于创造性地把辩证唯物主义认识论转化为调查研究的基本原则，也善于创造性地把调查研究基本原则转化为一系列调查研究具体方法。调查研究有调查和研究两个环节，调查研究的具体方法也包括调查方法和研究方法。

要做好调查工作，不仅要有眼睛向下、虚心向群众学习的正确态度，还要有正确的调查方法。为了做好调查，通常需要采取以下方法：一是编写调查纲目。在确定调查主题之后，就要对调查题目进行分解，将所要调查的总题目，分解为若干小题目，编成调查纲目。调查的大纲和细目要明确调查的内容和方法。二是开调查会。这是了解情况、搜集材料的基本方法，是人们普遍认可的调查方法。开调查会时，要

1 习近平：《谈谈调查研究》，《学习时报》2011 年 11 月 22 日。

按照调查纲目，让到会者充分发表意见并展开讨论，如此就会对问题形成比较透彻的理解，所获得的材料也会比通过观感和道听途说得来的材料更可靠、更全面。毛泽东同志指出："开调查会，是最简单易行又最忠实可靠的方法，我用这个方法得了很大的益处，这是比较什么大学还要高明的学校。"三是典型调查。这是通过认识典型的特殊事物来获得关于事物的一般认识的方法。毛泽东同志把这种典型调查生动地比作"解剖麻雀"。他指出，要了解麻雀的结构，不必也不可能把天下的麻雀一一加以解剖。认真解剖几只就够了。四是蹲点调查。这是一种特殊的典型调查方法，其优点在于长期深入一个典型进行周密的调查，从而获得全面的系统的真实材料，使我们的认识更加符合实际。

研究方法就是对调查所获得的材料进行思维上的加工制作，使我们对事物的认识从感性认识飞跃到理性认识，把握事物的本质和规律。总体来说，毛泽东同志所概括的"去粗取精、去伪存真，由此及彼、由表及里"就是主要的研究方法。在这"十六字诀"理性思维加工方针中，包含抽象、分析与综合、归纳与演绎等逻辑思维方法。当然，在调查研究方法上我们也要与时俱进。领导干部要继承和坚持我们党在长期的调查研究实践中形成的行之有效的调查研究方法，同时也要适应经济社会发展的新形势新情况，拓展和创新调查研究方法，掌握和运用问卷调查、统计调查、抽样调查、专家调查、网络调查等现代调查研究方法，提高调查研究的效率和科学性。

调查研究的类型与方法

何星亮[*]

* 作者为何星亮，中国社会科学院学部委员、国务院参事。

中共中央办公厅于2023年3月印发了《关于在全党大兴调查研究的工作方案》，要求在全党大兴调查研究之风，作为在全党开展的主题教育的重要内容，并发出通知，要求各地区各部门结合实际认真贯彻落实。中共中央党史和文献研究院、中央学习贯彻习近平新时代中国特色社会主义思想主题教育领导小组办公室于2023年3月编辑出版了《习近平关于调查研究论述摘编》(以下简称《摘编》)。《摘编》分8个专题，摘录习近平总书记2012年11月15日至2023年3月5日期间的报告、讲话、文章、指示、批示等，作为在全党开展调查研究工作的指南和遵循。

习近平总书记强调指出，调查研究是谋事之基、成事之道，没有调查就没有发言权，没有调查就没有决策权；正确的决策离不开调查研究，正确的贯彻落实同样也离不开调查研究；调查研究是获得真知灼见的源头活水，是做好工作的基本功；要在全党大兴调查研究之风。那么，党员干部在调查研究前如何科学确定调研类型、选对调研方法？在调查研究中又该注意哪些技巧：典型调查如何选好“典型”？问卷调查问题设置有哪些区分？访谈调查中受访者不愿意发言怎么办？老一辈革命家和习近平总书记都有哪些好的调查研究经验？本文就这些问题进行综合梳理分析。

把握特点、有的放矢：科学区分调查研究的类型

调查研究类型多样。从调查研究的内容来划分，可分为全面调查、典型调查和专题调查三类；从是否有问题导向的角度来划分，可以分为问题导向调查和无问题导向调查；从是否有理论导向的角度来划分，可以分为理论导向调查和无理论导向调查。

（一）全面调查、典型调查和专题调查

全面调查或称“综合调查”，是对调查对象进行全面、系统的调查。例如，把一个县、镇或村作为一个调查单位，全面了解其社会、经济、人口、自然环境、社会组织、婚姻家庭、文化和宗教等状况，收集第一手资料作为分析的依据。全面调查的特点是调查对象范围广、单位多、内容比较全面，但一般需耗费大量人力、物力和时间，组织难度较大。

毛泽东同志历来重视调查研究工作，把进行社会调查作为领导工作的首要任务和决定政策的基础。《寻乌调查》是毛泽东同志在 1930 年 5 月所做的江西省赣州市寻乌县的全面调查，内容包括寻乌县城人口的政治地位及成分情况、商业情况、旧有土地关系、剥削状况、土地斗争情况等。《寻乌调查》全文共 5 章，超过 70000 字，其中详细叙述了寻乌的水陆运输、商品集散和流向，以及 20 多个行业的状况。寻乌调查使毛泽东同志加深了对中国社会的认识，对于“农村包围城

市”革命道路思想的发展，以及开创马克思主义中国化、确立中国共产党实事求是的思想路线，都具有非常重要的意义和作用。寻乌调查后不久，毛泽东同志根据这次调查和以往进行实际调查的切身体会，写下了《反对本本主义》（原名《调查工作》）的重要著作，响亮地提出了“没有调查，没有发言权”等科学论断。

始于 1988 年的由中国社会科学院组织牵头的“全国百县市经济社会调查”也属于全面调查，这一调查历时 7 年，成果出版为 105 卷著作——《中国国情丛书——百县市经济社会调查》。这是改革开放后中国社会学界开展的具有史无前例规模的国情调研，涉及 1979 年改革开放以来我国经济、社会、政治、文化乃至人们的思想观念、婚姻、家庭、生活方式等诸方面。该项调查使用了文献调查法、问卷调查法、开调查会和个别访谈法等方法，既为中国社会研究提供了大量珍贵资料，也为后来许多县、市制定本地区发展战略规划提供了重要依据。

典型调查是根据调查目的在研究对象总体中选取若干个地区、单位或家庭进行系统周密调查研究的一种非全面调查。例如，在一省选择一个县或若干县作为典型进行调查；在企业中选择有代表性的单位进行系统调查，等等。典型调查可以弥补全面调查耗时耗力多、组织难度大、缺乏针对性和灵活性不足等缺点，也可以验证全面调查的真实性和可靠性。其特点一是调查点少；二是调查内容具体细致；三是解剖典型，由点及面，以小见大。

做好典型调查的关键在于选择好典型。如果调查目的是了解总体的一般情况，可选择中等水平的调查对象；如果调查目的是总结经验教训，可以选择最先进的和最落后的典型；如果调查目的是研究新情况、新问题，可以选择出现这些苗头、趋势的调查对象；如果调查目的是研究事物发展的过程和规律，就要选择发展形态完整的调查对象。

“解剖麻雀”是毛泽东同志对典型调查方法的形象比喻。他认为解剖一个麻雀，首先要选好麻雀，也就是要选好调查研究的典型：“要从个别问题深入，深入解剖一个麻雀，了解一处地方或一个问题。”“往后调查别处地方或别个问题，你就容易找到门路。”[1]

那么，怎样找调查的典型呢？毛泽东同志说：“调查的典型可以分为三种：一、先进的，二、中间的，三、落后的。如果能依据这种分类，每类调查两三个，即可知一般的情形了。”[2]“在一切活动中找出几个令人满意的和令人不满意的典型例子，经过深入研究，总结经验，得出具体结论。”[3]

毛泽东同志所做的很多调查，都是“解剖麻雀”的范本。《中国佃农生活举例》是毛泽东同志留下的最早一篇比较完整的典型调查报告，采用的就是解剖典型的方法。毛泽东同志通过调研分析指出，这

1 《毛泽东文集》第 8 卷，人民出版社 1999 年版，第 260 页。
2 《毛泽东文集》第 2 卷，人民出版社 1993 年版，第 383 页。
3 《毛泽东文集》第 3 卷，人民出版社 1996 年版，第 189 页。

户佃农如果没有天灾人祸，“收支相抵，不足一十九元六角四分五厘五”“事实上佃农不能个个这样终年无一天休息地做苦工，稍一躲懒，亏折跟来了”[1]。他指出，中国之佃农比牛还苦，因牛每年尚有休息，人则全无，这就是中国佃农比世界上无论何国之佃农都辛苦，且许多佃农被挤致离开土地变为兵匪游民之真正原因。这份调查报告通过一个典型案例，大致上反映了当时中国佃农的苦难状况，后来被作为中央农民运动讲习所的教材。毛泽东同志之所以能够对中国广大农村有深刻的认识，同他善于把握典型，运用由点及面的调查方法分不开。

专题调查即围绕某一专题或某一问题进行深入、系统的调查。专题调查又分两类，一类是大专题调查，即对社会体系中的某一组成部分的调查，如经济问题普查、人口社会问题普查、文化资源调查、宗教问题调查等。小专题调查则是包含于大专题下的分支调查，如民营企业发展问题调查、农村人口状况调查、互联网问题调查等。个别具体问题的调查，也属于专题调查。

老一辈无产阶级革命家做过许多专题调查。例如，陈云同志在“一五”计划时期关于汽车工业基地的选址调查就是专题调研的典型案例。苏联专家提出选址西安，有部分专家提出选址北京、石家庄、太原等地。方案很多、争论很多，各有各的理由。于是，陈云同志从北京西郊到石家庄，从西安到太原、长春等地进行调研。通过深入调

1 《中国共产党重要文献汇编》第 9 卷，人民出版社 2022 年版，第 608—609 页。

查研究，陈云同志发现这些方案都各有不足，又组织中外专家及有关人员召开座谈会反复进行论证。最后，陈云同志结合大家的不同意见和自己调研的情况，综合考虑交通、能源等实际情况，认为新中国第一家汽车厂的选址定在长春最为合适。历史证明，这一决策是符合实际、着眼长远的科学决策。

全面调查、典型调查、专题调查各有特点，但并不是各自孤立的，而是彼此关联的。全面调查往往包含典型调查和专题调查，而典型调查也包含专题调查。

（二）问题导向调查和无问题导向调查

问题导向调查是带着问题进行调查，主要围绕社会或党政部门、单位反映的问题进行调查。

坚持问题导向，是马克思主义的重要品质，是习近平新时代中国特色社会主义思想的鲜明风格，也是以习近平同志为核心的党中央治国理政的突出特点。党的二十大报告指出："我们要增强问题意识，聚焦实践遇到的新问题、改革发展稳定存在的深层次问题、人民群众急难愁盼问题、国际变局中的重大问题、党的建设面临的突出问题，不断提出真正解决问题的新理念新思路新办法。"[1]2023 年 4 月 28 日，中央政治局召开会议，分析研究当前经济形势和经济工作，提出了不少

1 《习近平著作选读》第 1 卷，人民出版社 2023 年版，第 17 页。

需要解决的问题，如保障和改善民生问题、解决高校毕业生就业问题、稳定农民工等重点群体就业问题、抓好安全生产问题、电力供应保障问题、粮食生产和重要农产品供应保障问题、全面推进乡村振兴问题、生态环境系统治理问题等，并强调“各级领导干部要带头大兴调查研究，奔着问题去，切实帮助企业和基层解决困难”[1]。

坚持问题导向，通过调查研究弄清问题性质、找准症结所在，进而有的放矢、解决问题，也是我们党开展调查研究的重要方法。

例如，1927年初，毛泽东同志为驳斥当时党内外对农民运动的质疑和责难，回到湖南考察农民运动。他广泛接触和访问群众，步行700多公里，历时32天，实地考察湘潭、湘乡、衡山、醴陵、长沙五县的农民运动，召集农民和农民运动干部开调查会，引导大家打开“话匣子”，获得了大量第一手资料。通过调研，他深切感到“许多农民运动的道理，和在汉口、长沙从绅士阶级那里听得的道理，完全相反”[2]，得出了农民运动“好得很”的正确结论。

20世纪60年代初，我国国民经济遭遇严重困难。为了了解清楚实际情况，找到应对严峻形势的办法，毛泽东同志号召全党大兴调查研究之风。周恩来、刘少奇、朱德、邓小平、陈云等中央领导同志都纷纷响应，花了大量时间，深入工厂农村搞调研。由于目的明确，调

1 《分析研究当前经济形势和经济工作》,《人民日报》2023年4月29日。
2 《中国共产党重要文献汇编》第10卷，人民出版社2022年版，第282页。

研充分，情况摸得准，我们党及时调整了政策措施，为解决严重的经济困难问题发挥了重大作用。

改革开放后，在设计社会主义现代化建设蓝图过程中，邓小平同志带着问题不断进行实地调研。党的十二大提出，到 2000 年实现全国工农业总产值在 1980 年的基础上翻两番，使人民生活达到小康水平。“翻两番”靠不靠得住？“小康水平”是什么样子？带着这样的思考，邓小平同志 1983 年 2 月专程前往经济发展较快的苏浙沪地区，进行了 3 个星期的调查研究。在苏州，江苏省负责同志向他详细汇报了全省及苏州工农业生产情况，表示像苏州这样的地方，准备提前 5 年实现“翻两番”。

无问题导向调查是社会调查的基本形式之一。一般是在不了解某地区、某单位、某行业基本情况和存在问题的情况下进行的调查，能够全面了解被调查地的政治、经济、社会和文化生活等各个方面及其存在的问题。

例如，新上任的党政主要领导，一般会对本地区、本单位作一次无问题导向的全面调查，目的是对自己的职责任务、当前存在的工作难重点，以及应该从何入手，做到心中有数，掌握真实情况，尽快打开工作局面。

全面调查和典型调查大多是无问题导向的调查。如前述 1988 年中国社会科学院组织全国数千名专家开展的“中国百县市经济社会调查”就属于无问题导向调查，但调查的重点是改革开放以来经济社会方面发生的巨大变化和现代化建设中面临的各种矛盾和问题。

（三）理论导向调查和无理论导向调查

理论导向调查是以某种理论作为指导的调查，这种调查在政治问题和社会问题调查中较为普遍。

例如，1956—1964年，我国开展了历史上第一次有组织、有计划的“全国少数民族社会历史状况科学调查”，为中国民族问题研究搜集和积累了大量必需资料。调查是在“五种社会形态”的理论指导下进行的，即着重了解“有关原始社会形态、奴隶社会形态、封建社会形态和上述各种社会的过渡形态的具体资料”，调查对象为蒙古、藏、维吾尔、壮、苗、布依、瑶、傣、彝、黎、景颇、怒、傈僳、独龙、佤、鄂伦春、鄂温克等20个少数民族。通过调查，我国整理出了这些民族社会历史发展状况的第一手资料。

无理论导向调查即不带任何理论或假设的调查。这种调查在纯学术调查研究中比较普遍，其目的是力求克服“先入为主”的偏见，通过调查研究归纳和总结出相关理论或观点。

社会调查是否需要理论指导，是否需要有假设，学术界存在分歧。一种观点主张，社会调查没有必要以某种理论为指导，也没有必要为社会调查构建假设。进入调查点之后，完全融入当地人的社会和生活之中，客观观察各种现象，在充分熟悉和掌握当地社会文化的基础上提出自己的理论或假设。另一种观点认为，没有理论支撑的社会调查是盲目的调查，主张必须以理论或假设为指导，否则不可能获得较好的社会调查资料。

大胆创新、多管齐下：综合选择调查研究的方法

2003 年 2 月，习近平同志在浙江省委理论学习中心组学习会上指出，在调研方法上要多样化，一种方法不如几种方法好。他要求党员干部在具体实践中，根据调查任务和要求的不同，采用不同的调查方法，把微观调查和宏观调查结合起来，把定性分析和定量分析结合起来，大胆创新，多管齐下，提高调研工作的效率和调研成果的质量。

社会调查的方法多种多样，最主要的有参与观察法、深度访谈法、问卷调查法（及其量化分析步骤）和抽样调查法。

参与观察法或称“参与式观察”“实地调查法”，它是最古老、最普遍的社会调查方法之一。调查者实地进入研究对象所在环境，进行全面、深入的观察和调研。一般的参与观察，调查者往往在调查地居住一段时间，通过考察和访谈，了解该地社会和文化特点，掌握该地的实际情况和问题，探讨发展的途径和方法。在参与观察法中，根据观察者身份是否公开，可以细分为公开性参与观察和隐蔽性参与观察两类。

第一，公开性的参与观察，即公开调查者身份后进行的社会调查。被调查单位和个人了解调查者的身份。这种参与式调查适用于一些不涉及特殊内容、特殊群体、特殊情境的调查研究，如普通的企业调研、乡村调查、经济调查等。

习近平总书记十分注重参与式观察。在河北正定工作期间，他跑遍全县 25 个乡镇、221 个村；在福建宁德，他到任 3 个月就走遍 9 个县；赴任浙江，他用 1 年多时间跑遍全省 90 个县市区；在上海仅 7 个月，他到过全市 19 个区县；担任党的总书记以来，他的足迹更是遍布大江南北。习近平总书记曾说："下去调研，要去一些困难多的地方、问题多的地方，调研不是光看好的。""看了困难多、问题多的地方，才能帮助他们解决问题，也有利于我们正确决策。去了就不要兴师动众，做到既能轻车简从，又能深入一些地方。"[1]

习近平同志的社会调查，不是走马观花、摆摆样子，而是沉下去摸实情、办实事。他在正定时，经常骑一辆老式凤凰牌"二八"自行车下乡，每次骑到滹沱河沙滩就扛着自行车走。到厦门工作后，他买了一辆武夷牌自行车，仍是骑着车四处调研。这样的方式虽然辛苦，但能深入一线，把情况摸深摸透，真正做到胸中有数。到中央工作后，习近平同志对调查研究的重视一如既往。2012 年 12 月底，新当选中共中央总书记不久的习近平顶风踏雪入太行，吹响脱贫攻坚的号角。

1 《论群众路线：重要论述摘编》，中央文献出版社、党建读物出版社 2013 年版，第 126 页。

此后，他走遍了 14 个集中连片特困地区。

第二，隐蔽性的参与式观察，即不暴露研究者的真实身份，在实际参与研究对象日常社会生活的过程中进行隐蔽性的观察。部分领导干部也采用此类方式进行明察暗访，了解真实情况。此外，对一些特殊内容、特殊群体、特殊行业的调查，如对涉嫌犯罪群体的摸查，也往往采用隐蔽性参与式观察。

参与式观察首先必须选择好调查点。选择调查点的基本要求：一是要选择有特色的地区，二是要选择有代表性的地区。选好调查点对成功地进行调查具有关键性的意义。所谓“有特色”，就是该地的社会或文化较为特殊，与其他地区差异很大。所谓“有代表性”，就是说该地能够以小见大、反映总体，比较典型。

从毛泽东同志选调查点的经验上我们可以学到很多。1930 年为了解整个赣南土地斗争的情况，他选择江西省兴国县永丰区作为调查点，因为毛泽东抓住了永丰区的特殊区位，兴国县永丰区“介在兴、赣、万之交，明白了这一区，赣、万二县也就相差不远，整个赣南土地斗争的情况也都相差不远”[1]。

深度访谈法又名“深层访谈法”，是社会调查最基本的方法之一。通常是指调查者通过直接访问被调查对象而收集资料的方法。深度访谈调查不同于日常人们的交谈，访谈是调查者有目的、有计划、有

1 《毛泽东文集》第 1 卷，人民出版社 1993 年版，第 254 页。

程序地向被调查者提问，希望被调查者提供调查所需要了解的信息资料。深度访谈法可以从不同的角度进行分类，从访谈人数角度可以分为集体访谈法和个别访谈法两类。

第一，集体访谈法，即通过集体座谈的方式了解有关情况和存在问题。其优点在于：访谈对象之间能就访谈内容相互启发、相互补充、相互修正，访谈员集思广益，能在较短时间内获取大量的信息。而集体访谈的缺点是：有些访谈对象不愿在人数较多的会上公开反映某些敏感问题和本单位、本部门存在的问题。

集体访谈法是我们党历来重视的调查研究方法。1961 年 4 月至 5 月，刘少奇同志在湖南农村蹲点调查 44 天，其中 33 天吃住在农村生产队，先后召开了 20 多次座谈会，从中获得了大量第一手材料，为迅速调整农村政策提供了直接依据。

习近平总书记为推动长江经济带发展，先后到重庆、湖南、湖北、江苏等地调研，3 次召开专题座谈会；为推动东北全方位振兴，先后到东北调研 7 次，2 次召开专题座谈会；为推动黄河流域生态保护和高质量发展，先后到河南张庄、甘肃以及河南郑州考察调研并召开专题座谈会。

为了起草好“十四五”规划建议，习近平总书记主持召开了 7 场专题座谈会。“十四五”规划建议是在习近平总书记亲自谋划下，在一次次深入调研中、一场场座谈交流中形成的。

第二，个别访谈法，是指一对一的访谈调研，具有保密性强、访谈形式灵活等优点。因此，个别访谈较易取得访谈对象的配合，访谈成功率高，调查结果较准确，能收集到较为敏感和特殊的信息。民族和宗教问题是较为敏感的问题，党的十八大以来，为保证调查结果的准确性和有效性，有关部门和有关领导到民族地区了解情况，或请有关专家介绍情况，常采用个别访谈的方式。

深度访谈法首先必须选好受访人。受访人必须熟悉有关情况，具有一定的文化水平，各行业均要有代表，能够提供可靠资料。找一位熟悉情况的人比找几十位不熟悉情况的人更能全面了解情况，找一位内行专家比找几十位外行专家更能了解存在的问题。

上文提到的毛泽东同志对江西省兴国县永丰区做农村调查后，写下了著名的《兴国调查》。毛泽东选择的8位调查对象，并不是随便选来的普通农民，他们中间有账房先生钟得五、教书先生陈北平、风水先生陈侦山；屠工傅济庭、泥瓦工雷汉香、爆竹工黄大春；小商人李昌英和雇农温奉章。他们在区、乡苏维埃政府中都担任了一定的职务，在红军预备队里也是营连级干部。他们既是社会的各个阶层，更是兴国县乡村土地革命的领头人，对分田分地的情况非常熟悉。

深度访谈必须注重访谈技巧。一是先易后难，如先提出比较简单的、容易吸引人的问题，然后渐渐引入主题。二是必须循循善诱，不断启发受访者把自己所知道的事情讲出来。三是要多问“为什么”。

受访者一般能够讲述现象即“是什么”，但大多数人不能直接说出该现象形成和存在的原因即“为什么”。因此，要全面了解存在的问题，就必须多问“为什么”，启发受访者谈出自己的理解。四是每个问题要明确、具体、通俗，以便受访者能够直截了当地用简短、明确的话答复。五是深度访谈必须创造轻松愉快的访谈环境。有些受访者一开始可能有紧张、疑虑、不信任等情绪，无法说出真实的想法，因此访谈应注意营造融洽和谐的访谈气氛。

问卷调查法在现代社会研究和社会调查中得到了越来越广泛的应用。除社会调查外，政治学、教育学、经济学、传播学、心理学等学科也经常采用问卷来搜集资料。问卷还是各种民意测验、舆论调查、市场调查必不可少的工具。

根据使用方法的不同，问卷可分为两种主要的类型：一种为“自填式问卷”，另一种为“访问式问卷”或“访问调查表”。自填式问卷一般通过网络、邮寄、分发的方式送到被调查者手中，由被调查者在无监督和干扰的情况下自行填写，然后再通过相关方式回收。访问式问卷无须发到被调查者手中，而是由调查员亲自访问被调查者，按问卷提出问题，并根据被调查者的口头或文字回答来代替填写问卷，所以也称“代填问卷”。这两种类型的问卷在结构、设计程序、设计原则、问题形式与内容等方面都是相同的，只是在使用方法和具体设计上有一定差别。

根据问题形式的不同，问卷设计可以分为 6 种类型：一是自由叙述式，即不给被调查者提供任何答案，让其按自己的思想用文字自由地回答；二是多重选择式，即让被调查者从所提供的互不矛盾的答案中选择出一个或几个答案；三是“是”或“否”二择一式；四是评定量表法，即让被调查者按规定的一个标准尺度对提供的答案进行评价；五是确定顺序式，即让被调查者对提供的几种答案按一定的标准作出排序；六是对偶比较式，即把调查项目按一定标准划归两个为一组，让被调查者按相应标准进行比较。这 6 种问卷类型各有其优点和缺点，要根据研究的目的、任务和被调查者的特点选择使用，研究者通常将几种类型并用。

问卷调查具有一定的明显优势：一是统一性。问卷的问题内容和结构形式都是统一的，这有利于按照统一标准对不同地区、不同人群的不同被调查者进行调查，收集统一标准的资料，也有利于进行定量分析。二是灵活性。相对于参与观察法、深度访谈法而言，问卷调查法具有较多的灵活性。亲自填写、采访填写、集中填写等方式均可。三是匿名性。针对有些较为敏感的问题，为得出真实结果，问卷调查法可采用匿名方式。四是量化性。问卷所设计的内容和问题，都是统一化和标准化的，问卷调查的结果具有可比性，有助于定量分析。因此，量化性是问卷调查的一大优势。

习近平同志十分重视采用问卷调查的方式来做调查研究。20 世纪

80 年代，习近平同志在河北正定工作时发现一些地方在汇报工作时存在“报喜不报忧”的现象。如何能听到更多群众的呼声？如何能更好地接受群众监督、了解真实民意？很快，他想出了新办法：“搞问卷调查！”1984 年 10 月上旬，5600 份民意调查表印制出来，正定县历史上的第一次问卷调查正式启动。这些调查表除了向各乡各单位发放外，他还带着工作人员在街边摆桌子，有赶集的老百姓经过，就主动递上问卷。调查表收集上来后，县委和县政府组织专门的班子进行分类归纳和综合分析，写出了专题报告。在广泛征求群众意见的基础上，正定县委初步制订出全县 1985 年工作计划和要抓紧办的十件大事。

抽样调查法是一种非全面调查的方法。它是按照科学的原理和计算，从若干单位组成的事物总体中，抽取部分样本单位来进行调查、观察，根据样本数据推断总体数据的调查方法。抽样调查虽然是非全面调查，但它的目的是取得反映总体情况的信息资料，因而，也可起到全面调查的作用。

抽样调查法的基本特点主要有：一是随机原则，要求总体中的每个单位具有相同的或特定的被抽到的概率，而不是根据调查者的主观判断来确定所要选择的单位。二是从样本数据推算总体数据，这一特点决定了它的应用范围，如生育率、农产量、个体工商户的经营情况等可用抽样调查的方法取得样本推算总体。

抽样调查可缩短调查研究的时间。抽样调查经济性好、实效性强、适应面广、准确性高，在经济、社会、政治、民意等方面被广泛采用。

调查研究的过程就是科学决策的过程，衡量调查研究做得好不好关键看实效

中共中央办公厅印发的《关于在全党大兴调查研究的工作方案》指出：“当前，我国发展面临新的战略机遇、新的战略任务、新的战略阶段、新的战略要求、新的战略环境。世界百年未有之大变局加速演进，不确定、难预料因素增多，国内改革发展稳定面临不少深层次矛盾躲不开、绕不过，各种风险挑战、困难问题比以往更加严峻复杂，迫切需要通过调查研究把握事物的本质和规律，找到破解难题的办法和路径。”[1]

怎样才算好的调查研究？衡量调查研究搞得好不好，关键要看调查研究的实效，看调研成果的运用，看能不能把问题解决好。习近平总书记强调：“调查研究要注重实效，使调研的过程成为加深对党的创新理论领悟的过程，成为保持同人民群众血肉联系的过程，成为推动事业发展的过程。”[2]“开展深入细致的调查研究，抓住老百姓最急最忧最怨的问题，解决好群众最关心最直接最现实的利益问题，真正把功

1 《中办印发〈关于在全党大兴调查研究的工作方案〉》,《人民日报》2023 年 3 月 20 日。
2 《习近平关于“不忘初心、牢记使命”论述摘编》，党建读物出版社、中央文献出版社 2019 年版，第 227 页。

夫下到察实情、出实招、办实事、求实效上。”[1]

习近平总书记指出：“调查研究是我们党的传家宝，是做好各项工作的基本功。”[2]新时代新征程，我们要以习近平新时代中国特色社会主义思想为指导，继承和弘扬老一辈无产阶级革命家注重调查研究的优秀传统，用好调查研究这个“传家宝”，学好调查研究的方法和技巧，加强调查研究的能力，切实提升调查研究的实效，为全面建设社会主义现代化国家掌握新情况、研究新问题、思考新思路、制定新举措。

---

1 《习近平关于“不忘初心、牢记使命”论述摘编》，党建读物出版社、中央文献出版社 2019 年版，第 220 页。

2 《以认真学习贯彻习近平新时代中国特色社会主义思想　坚定维护以习近平同志为核心的党中央权威和集中统一领导　全面贯彻落实党的十九大各项决策部署情况为主题进行对照检查》，《人民日报》2017 年 12 月 27 日。

中国共产党历史上的调查研究给当代的启示

陈述 *

* 作者为陈述，中共中央党校（国家行政学院）教授。

从毛泽东同志到习近平总书记，几代中国共产党人形成了科学的调查研究理论和方法。善于进行调查研究，既是中国共产党的思想方法和工作方法，又是中国共产党的优良传统。坚持调查研究，理论与实际相结合，由此制定和执行正确的路线方针政策，是我们党领导革命、建设和改革的谋事之基、成事之道。这些基本经验对今天中国共产党领导人民继往开来实现伟大民族复兴，具有极重要的启示。

首先，调查研究是贯彻实事求是思想路线的前提。党的思想路线是一切从实际出发，理论联系实际，实事求是，在实践中检验真理和发展真理。唯物辩证法是马克思主义哲学的核心内容，是认识世界发展规律的理论武器。调查研究是唯物辩证法在工作中的运用。只有坚持调查研究，才能正确地认识世界，做到从实际出发，形成对客观事物及其规律的正确认识，既看到事物的现象，也能抓住事物的本质，把握事物的规律性。也就是说，调查研究关系到对实际的把握，关系到在此基础上对主要矛盾的判断，关系到主要任务的确定，关系到路线方针政策的制定，关系到事业的兴衰成败。

其次，调查研究是完成革命、建设和改革任务的科学方法论。马克思主义是实现共产主义的学说，是中国共产党的指导思想。调查研究是马克思主义者认识世界的主要方法之一。概括起来，调查研究的方法主要有以下几种。一是运用马克思主义的阶级分析方法，深入分析中国社会各阶级以及各阶级内部的特殊矛盾。阶级分析是毛泽东同志调查研究实践的最重要的手段，也是他在革命时期进行调查研究最主要的目的之一。二是要抓住主要矛盾。在调查研究过程中，必须贯彻抓主要矛盾的原则。三是运用唯物辩证法共性与个性相互关系的原理分析现实问题，主张对事物既要有一般了解，也要有典型剖析；既要重视一般，也要抓住个别。四是把辩证逻辑运用于调查研究中，总结出观察、分析和综合相结合的方法。

再次，调查研究体现马克思唯物史观的基本原则。毛泽东思想的活的灵魂是群众路线，调查研究实质上就是在践行群众路线。毛泽东同志指出："群众是真正的英雄，而我们自己则往往是幼稚可笑的，不了解这一点，就不能得到起码的知识。"[1]毛泽东同志的这一思想，既强调了调查研究要有正确的态度，同时也指出了要坚持人民群众是历史的创造者的历史唯物主义观点，并把它视为做好调查研究工作的根本条件。毛泽东同志进一步指出："一切实际工作者必须向下作调查。对于只懂得理论不懂得实际情况的人，这种调查工作尤有必要，否则他们就不能将理论和实际相联系。"[2]调查研究是是否坚持群众路线的试金石。

最后，必须坚持把调查研究深入化和持久化。毛泽东同志指出："我们又相信事物是运动的，变化着的，进步着的。因此，我们的调

1 《毛泽东选集》第 3 卷，人民出版社 1991 年版，第 790 页。
2 《毛泽东选集》第 3 卷，人民出版社 1991 年版，第 791 页。

查，也是长期的。”[1]调查要经常进行，一劳永逸的调查是没有的。从大革命失败至1934年离开中央苏区，毛泽东同志对农村调查工作始终未间断，这才有中国革命道路的开辟。习近平总书记强调，开展调查研究，务求“深、实、细、准、效”。调查研究的方式方法要与时俱进，要把问卷调查、统计调查、抽样调查、专家调查、网络调查结合起来，把现代信息技术引入调查研究工作，提高调查研究的效率和科学性。调查研究要有制度来保证，调查研究要有专门的机构。

总之，历史经验告诉我们：调查研究不仅关系到思想方法和工作方法，还关系到中国共产党领导革命、建设和改革事业的得失成败。当今世界正经历百年未有之大变局，我国正处于实现中华民族伟大复兴关键时期。这就要求中国共产党继续坚持调查研究，顺应时代潮流，适应中国社会主要矛盾变化，统揽伟大斗争、伟大工程、伟大事业、伟大梦想，不断满足人民对美好生活新期待，战胜前进道路上的各种风险挑战，为实现“两个一百年”奋斗目标、实现中华民族伟大复兴的中国梦而努力奋斗。

1 《毛泽东文集》第2卷，人民出版社1993年版，第378页。

调查研究中的形式主义：成因与治策

钟德涛 *

* 作者为钟德涛，华中师范大学中共党史党建研究院常务副院长、马克思主义学院教授。

调查研究作为我们党的传家宝，是党干事创业的谋事之基、成事之道。“没有调查就没有发言权”“调查就像‘十月怀胎’，解决问题就像‘一朝分娩’”……这些中国共产党人耳熟能详的至理名言，生动形象地阐述了调查研究的重要性。党的二十大明确要求广大党员干部“带头深入调查研究，扑下身子干实事、谋实招、求实效”[1]。大兴调查研究成为全党开展学习贯彻习近平新时代中国特色社会主义思想主题教育的重要内容。调查研究是领导干部扑下身子深入一线把脉问诊、问计于民的有效途径，是发现问题、解决难题的可靠方式。因此，我们必须警惕和杜绝调查研究中形形色色的形式主义，确保调查研究真实、正确、高效。

调查研究中的形式主义存在四种表现形式

党员干部深入一线和基层进行调查研究，是我们党的优秀传统，是一种行之有效的科学工作方法。调查研究成效的好坏，直接关系到发展问题能否解决、党群干群关系是否密切。因此，党员干部在调查研究的过程中要坚持实事求是的原则、避免形式主义的滋生。习近平总书记不仅告诫全党“调查研究千万不能搞形式主义”，还深刻总结了调查研究中经常出现的形式主义的四种表现形式，有“浮光掠影、

1　习近平：《高举中国特色社会主义伟大旗帜　为全面建设社会主义现代化国家而团结奋斗——在中国共产党第二十次全国代表大会上的报告》，人民出版社 2022 年版，第 68 页。

人到心不到的‘蜻蜓点水’式调研”，有“做指示多、虚心求教少的‘钦差’式调研”，有“调研自主性差、丧失主动权的‘被调研’”，有“到工作成绩突出的地方调研多、到情况复杂和矛盾突出的地方调研少的‘嫌贫爱富’式调研”等。[1]深入剖析调查研究中存在的这些形式主义，对我们正确开展调查研究和不断开创工作新局面具有重要意义。

其一，“蜻蜓点水”式调研。这种调研形式主要表现为部分党员干部在调查研究中流于形式，不触及实质问题，在调查研究中浅尝辄止、走马观花，在解决实际问题时隔靴搔痒，使得调查研究难以真正服务决策、解决问题。有的党员干部在调查研究中“人到心不到”，不深入群众中倾听群众的诉求和呼声，始终和群众保持距离。有的党员干部尽管主观上没有敷衍了事的不良心态，但缺乏深入洞察事物、深入分析问题的能力，导致调研过程中只能看到浅层次的表象，看不到深层次的问题，提不出有建设性意义的意见和对策。“蜻蜓点水”式调研的不良后果，就是发现问题不及时、解决问题不出力，对基层实际不能全方位、多角度的把握，使问题得不到实质性解决。

其二，“钦差”式调研。所谓“钦差”式调研，主要表现为部分党员干部在调查研究的过程中自视甚高，不屑于了解基层实际情况，在调查研究中颐指气使、呼来喝去，在解决实际问题时因循守旧、照本

1 《习近平关于“不忘初心、牢记使命”论述摘编》，党建读物出版社、中央文献出版社 2019 年版，第 222 页。

宣科，使得调查研究成为“作指示”“搞指导”的空架子。部分党员干部在调查研究的过程中事前要求、事后吩咐，带着“尚方宝剑”下基层，处处强调自己的领导派头，彰显高人一等的地位，调研的过程要层层陪同、前呼后拥，走规划路线、看装饰“盆景”、听专业座谈，对于基层的真实情况一知半解，导致问题看不清、情况摸不准，更遑论找到解决问题的可行办法。这些形式主义的做法使得领导干部在调查研究的过程中很难看到基层的真实情况，自然也取不到“真经”，成为“钦差”式的调查研究。新民主主义革命时期，毛泽东同志就对这种“钦差大臣”做派深恶痛绝，曾严厉地指出“我们党吃所谓‘钦差大臣’的亏，是不可胜数的”[1]。

其三，“被调研”式调研。所谓“被调研”，其主要表现为部分党员干部在调查研究的环节中存在滞后性，被动地完成调查研究任务，在调查研究中缘木求鱼、刻舟求剑，在解决实际问题时随波逐流、得过且过，使调查研究与现实情况脱节。部分党员干部的调查研究只是为了应付上级的检查，因此，上级不要求的一概不做，调查不主动、研究不深入，最终导致相关问题的材料收集得很齐全，调研者把调研任务完成后简单汇报以交差了事，对于解决实际存在的问题毫无作用。这些党员干部调研前不认真准备，缺乏周全翔实的调研方案和调研目标，被动开展调研，致力于完成上级的指示安排和领导部署，走

1 《毛泽东选集》第 3 卷，人民出版社 1991 年版，第 791 页。

一步看一步，想一出是一出，导致调查研究成为即兴发挥的“提线木偶”，没有充分发挥自身的主观能动性。

其四，“嫌贫爱富”式调研。“嫌贫爱富”式调研的主要表现为部分党员干部在调查研究中有侧重、有选择，做不到“一碗水端平”，在调查研究中拈轻怕重、挑肥拣瘦，在解决实际问题时瞒忧报喜、避重就轻，使得调查研究成为“表彰大会”，问题难题得不到真正解决。部分党员干部在调查研究中热衷于到成绩突出的模范村、先进县，而不去条件艰苦、环境复杂、矛盾突出的地区调研，宁愿“舍近求远”也不愿“跋山涉水”，在调查研究中对于真正需要解决的问题难题不闻不问，没有能够充分利用调研的机会将后进地区落后的“病因”找准，最终使调查研究的结果既不能“治标”也不能“治本”，成为“推不开”“立不住”的一纸空文。

调查研究中存在形式主义既有主观成因又有客观成因

以往调查研究中的形式主义对当前大兴调查研究之风产生的负面影响不可小视。调查研究是解决发展中遇到的新问题的重要途径，党员干部必须真正落实调查研究的各项要求，做到“深问、细察、多思”，通过调查研究打开符合当前发展需要的新局面。因此，解决调查研究中存在的形式主义成为当务之急，这就需要分析调查研究中形式主义的成因。其成因主要聚焦于两个层面，就主观而言，部分党员干部思想认识不到位、工作方法不科学成为诱发形式主义的重要原因，而客观主要受体制不健全、纪律有缺失等因素的影响。

从主观上来看，一方面，部分党员干部思想觉悟不到位是调查研究中出现形式主义的重要原因。习近平总书记强调："要在深入分析思考上下功夫，去粗取精、去伪存真，由此及彼、由表及里，找到事物的本质和规律，找到解决问题的办法。"[1] 思想觉悟高不高直接影响调查研究的成效，提高党员干部的思想觉悟势在必行。部分党员干部思想觉悟不高导致其自身的政绩观、事业观出现了错位和偏差，在调查研究中忘记了为人民服务的宗旨，背离了党的性质和立场，导致调查研究中形式主义的现象屡禁不止。部分党员干部认识不到调查研究对于解决发展问题的重要作用，调查研究流于表面，认为自身专业知识足以应对各种情况，制定政策和进行决策的过程中想当然地"生搬硬套"。有的党员干部觉得平时工作十分繁忙，没有时间与精力进行调查研究，进行调查研究只是为了完成任务，到一线和基层随便走走，应付交差。有的党员干部觉得调查研究可以展示自己的政绩，因而在调研过程中大力宣传，通过各种媒介让自身的工作处处留痕，为日后晋升留下证据。这些都是党员干部思想觉悟不高的表现，直接导致形式主义在调查研究中滋生蔓延。

---

1 《信念坚定对党忠诚实事求是担当作为 努力成为可堪大用能担重任的栋梁之才》，《人民日报》2021年9月2日。

另一方面，部分党员干部工作方法不科学是调查研究中出现形式主义的一个不可忽视的原因。毛泽东同志说："不做正确的调查同样没有发言权。"[1] 习近平总书记强调："要用好交换、比较、反复的方法，重视听取各方面意见包括少数人的意见、反对的意见，立体式地进行分析、三思而后行，防止自以为是、一得自矜。"[2] 但是，在开展调查研究的过程中，部分党员干部常常自以为是，对于调查研究的程序、途径、方式方法缺乏科学认识，盲目调研，在确定调研问题、选取调研地点、设计调研方案、开展实地调研、分析调研数据、应用调研成果等流程中大包大揽，不进行比较对照，我行我素，最终让调查研究似是而非，无助于解决实际问题。这些都是部分党员干部调研方法不科学的表现，对于调查研究成效产生了消极的影响。

从客观上来看，有关调查研究的制度尚存在不足之处，部分党员干部在调研过程中就容易"钻空子""搞变通"，让调查研究沦为形式主义的表演。习近平总书记指出："我们的制度有些还不够健全，已经有的铁笼子门没关上，没上锁。或者栅栏太宽了，或者栅栏是用麻秆做的，那也不行。"[3] 制度不够健全也包括调查研究制度在内。完善的机制是党员干部正常开展调查研究的前提，对于调查研究做得好的党员干部应有相应的激励，而对于那些在调查研究中存在形式主义的党员

---

1 《毛泽东选集》第 1 卷，人民出版社 1991 年版，第 118 页。
2 《习近平谈治国理政》第 4 卷，外文出版社 2022 年版，第 526 页。
3 《习近平关于严明党的纪律和规矩论述摘编》，中国方正出版社、中央文献出版社 2016 年版，第 81 页。

干部则须有惩罚举措。这样，才能确保党员干部认真对待调查研究，保持其开展调研的热情和动力。

再一方面，纪律有缺失是调查研究过程中形式主义频频露头的重要因素。纪律的重要性不言自明，“党的纪律是党的各级组织和全体党员必须遵守的行为规则，是维护党的团结统一、完成党的任务的保证”[1]。没有规矩，不成方圆。如果纪律有缺失，扎扎实实的调查研究就可能难以真正开展。党的十八大以来出台的《中国共产党廉洁自律准则》《中国共产党纪律处分条例》《中国共产党巡视工作条例》等党内法规明确了党员干部必须遵守的纪律，但是针对某些具体问题的配套纪律还存在一些缺失。就调查研究而言，对存在的形式主义缺乏针对性强、可操作性强的纪律要求，只能依靠党员干部的工作纪律进行约束，这样就会让部分人找到可乘之机。同时，对于调查研究中的形式主义，相关的纪律较为宽松，没有从根本上消除调查研究中形式主义的存在土壤，这也会使部分党员干部存在侥幸心理，缺乏对纪律的敬畏之心而明知故犯，导致形式主义在调查研究中反复出现。

必须加大力气坚决杜绝形式主义的出现

重视调查研究是中国共产党铸就百年辉煌成就的一条宝贵经验。早在 1930 年，毛泽东同志就明确提出“中国革命斗争的胜利要靠中国

1 《中国共产党章程》，人民出版社 2022 年版，第 51 页。

同志了解中国情况”，强调“共产党的正确而不动摇的斗争策略，决不是少数人坐在房子里能够产生的”[1]。党的百年征程没有离开过调查研究，新时代新征程更需要扎实有效地推进调查研究。只有不断进行调查研究，才能够帮助我们在面对世界百年未有之大变局时作出正确的决策，确保正确的贯彻落实。作为获得真知灼见的源头活水，调查研究能够有效应对新时代新征程中的各种风浪考验，时刻保持解决大党独有难题的清醒和坚定。因此，要彻底杜绝调查研究中形形色色的形式主义，必须从坚持问题导向、加强党员干部思想教育、理顺调研体制、明确纪律要求等多个方面着力，确保调查研究能够为推进新时代党和国家各项事业的进一步发展提供坚实的推动力。

第一，解决调查研究中的形式主义要坚持问题导向。坚持问题导向是始终贯穿于习近平新时代中国特色社会主义思想中的重要观点。为了杜绝调查研究中的形式主义，党员干部必须树立问题意识，敢于发现问题、善于解决问题。树立问题意识，意味着党员干部要对调研对象事先有全面整体的把握，从而做到有针对性、有明确目标地开展调研活动，并在调研过程中主动地寻找问题、敏锐地发现问题；敢于发现问题，意味着党员干部在调查研究中要承认问题而不是否定问题，要直面问题而不是逃避问题；善于解决问题，意味着党员干部通过科学的分析、深入的研究，找到问题的症结并及时解决。不能任

1 《毛泽东选集》第 1 卷，人民出版社 1991 年版，第 115 页。

由问题自由发展以至于积重难返，不能因问题难以解决而对其刻意回避，让小问题变成大问题。党员干部在调查研究中只有坚持问题导向，发现问题、承认问题、直面问题、解决问题，知其道而行其道，才能有效避免形式主义的出现。

第二，解决调查研究中的形式主义要加强思想教育。加强党员干部的思想教育是有效防止其在调查研究中搞形式主义的重要途径。调查研究中出现形式主义的一个重要原因，就是部分党员干部放松了对自身思想的改造，在调查研究的过程中偷懒耍滑、投机取巧，没有克服消极思想的影响。要想彻底杜绝形式主义，我们党需要不断加强党员干部的思想教育，通过思想境界的提升改造党员干部的主观世界，让其在思想水平和理论深度上对调查研究产生深刻认识。思想教育越彻底，党员干部的自身免疫力就越强大，对于形式主义滋生的抵抗力也就越强大。同时，党员干部应时刻牢记自身作为中国共产党人的职责与使命，做到自我革命与自我提高，破除自身“心中贼”，在调查研究的过程中自觉抵制形形色色的不良思想的诱惑，充分认识到调查研究对于党和国家事业的积极意义，做真正的调查研究，以此力戒形式主义的出现。

第三，解决调查研究中的形式主义要建立健全调研制度。制度是管长远、管根本的，调研制度的不断完善可以有效防止党员干部在调查研究时敷衍了事，搞形式主义。早在 2011 年，习近平同志就专门针对这一问题指出："建立和完善制度，保证调查研究经常化。"[1]为解决党员干部开展调查研究时相关体制机制操作性低、关联性差等问题，我们党应通过建立健全调研制度，出台关于调查研究的各项实施细则，为党员干部的调查研究工作提供程序化指引；要针对调查研究的前置程序、主要过程、基本环节、保障措施等对其机制加以研究完善，明确党员干部在调查研究中的"负面清单"，通过健全激励和惩戒机制，鼓励党员干部扎实开展调查研究；理顺调研前、调研中、调研后的关系，统筹问题机制和工作机制，采用蹲点调研、随机调研等方法，完善调研反馈、考核评价等体系，增强调查研究的针对性及实效性，以理顺调研制度，破解调查研究中存在的形式主义问题。

第四，解决调查研究中的形式主义要明确纪律要求。习近平总书记强调："我们党是靠革命理想和铁的纪律组织起来的马克思主义政党，纪律严明是党的光荣传统和独特优势。"[2]各级党组织要落实和巩固全面从严治党的成果和要求，让纪律规矩严起来，努力形成贯穿调查研究全过程的纪律检查和监督环境，促使党员干部始终保持高度警惕，自觉杜绝形式主义的滋生蔓延。同时，各级党组织还要认真落实中央各项规章制度及精神，让调查研究实起来，不搞"政绩工程""形象工程"等形式主义。党员干部要以上率下，坚决正风肃纪，自觉约

1 习近平:《谈谈调查研究》,《学习时报》2011 年 11 月 21 日。

2 《习近平关于协调推进"四个全面"战略布局论述摘编》，中央文献出版社 2015 年版，第 123 页。

束自身。各级纪检监察机关要用好监督执纪“四种形态”，通过处置反复出现的问题警示党员干部，让其引以为鉴。此外，各级党组织还应对屡教不改、明知故犯的形式主义者加大惩处力度，严格执法执纪。这些举措能够有效清除调查研究中滋生形式主义的土壤。

新时代新征程，党员干部在调查研究中要坚决杜绝形式主义的出现，敢于聚焦真问题，善于解决“硬骨头”。习近平总书记强调：“调查研究要注重实效，使调研的过程成为加深对党的创新理论领悟的过程，成为保持同人民群众血肉联系的过程，成为推动事业发展的过程。”[1]只有坚决消除形式主义，才能不断提升调查研究的质量，让调查研究的成果为第二个百年奋斗目标的实现、中华民族伟大复兴的中国梦的实现贡献智慧和力量。

---

1 《习近平关于“不忘初心、牢记使命”论述摘编》，中央文献出版社 2019 年版，第 227 页。

大兴调查研究之风要纠正三种错误认识

董海军 *

* 作者为董海军，中南大学公共管理学院副院长、教授、博士生导师，中南大学社会调查与民意研究中心主任。

2023 年 3 月，中共中央办公厅印发《关于在全党大兴调查研究的工作方案》(以下简称《方案》)，要求各地区各部门结合实际认真贯彻落实。“大兴调查研究之风”成为社会热门话题，也因此产生了一些议论，比如“大兴调查研究之风是一时兴起的”“在社会分工越来越细化的现代社会，领导干部亲自开展调查研究没必要了”“在数字化社会，传统的调查方法过时了”等，这些观点虽然不成气候，但其似是而非，易混淆视听，具有一定危害。为了澄清认识，统一思想，更好地贯彻落实在全党大兴调查研究之风，我们需要对一些错误认识作出辨析回应。

大兴调查研究具有深厚的历史基础和现实需要

《方案》出台后，有人认为这是一个临时的“运动式”活动。也有个别党员同志将“大兴调查研究之风”真当“一阵风”，持“避风头”的心理，在行动上左顾右盼、等待观望，只说不做，导致调查研究无法有效开展。

一方面，新时代大兴调查研究之风确实是党基于现实的需要而提出并强调的，正如《方案》中所指出的：“当前，我国发展面临新的战略机遇、新的战略任务、新的战略阶段、新的战略要求、新的战略环境。世界百年未有之大变局加速演进，不确定、难预料因素增多，国内改革发展稳定面临不少深层次矛盾躲不开、绕不过，各种风险挑战、困难问题比以往更加严峻复杂，迫切需要通过调查研究把握事物的本质和规律，找到破解难题的办法和路径。”[1]但另一方面，调查研究是中国共产党的“传家宝”，大兴调查研究之风具有深厚的历史基础，是中国共产党治国理政的常规方法，而不是“一时兴起”的。

早期中国共产党人围绕“怎样进行中国革命”这个任务问题，将调查研究作为认识中国国情和探索革命道路的重要工具。通过调查研究，党认识到占全国人口七成以上的农民是中国革命的重要力量，并找到了“农村包围城市”的革命道路。1930 年，毛泽东同志提出“没有调查就没有发言权”，树立起了调查研究在党内的话语权，并强化了调查研究在党开展自我革命中的工具价值，为中国共产党找到正确的革命道路提供了理论指导。延安时期，党中央发布了《中共中央关于调查研究的决定》和《中共中央关于实施调查研究的决定》两个文件，设立中央调查研究局，调查研究作为党的一项重要工作制度被确立起来。

新中国成立之初，党重点围绕土地改革和民族工作，以及基层社会发展实情等开展了多次大型调查。1960 年末至 1961 年上半年，在毛泽东同志的倡导和身体力行下，全党特别是中共中央和各级领导干部兴起了一次大规模调查研究活动，形成了一股浓厚的调查研究风气，解决了实际工作中存在的许多问题。1961 年还被确定为实事求是

1 《中办印发〈关于在全党大兴调查研究的工作方案〉》,《人民日报》2023 年 3 月 20 日。

年和调查研究年。大兴调查研究之风成为党坚持实事求是思想路线的一种重要形式。

20 世纪 70 年代末，邓小平同志致力恢复实事求是的工作路线。中共中央、国务院就经济体制改革问题、经济结构问题以及经济理论方法问题部署调查研究工作，并相继派代表团前往西欧五国就经济、技术发展情况展开深入考察调研。改革开放后，为回答好“实现什么样的发展，怎样发展”的历史问题，以邓小平同志为代表的中国共产党人、以江泽民同志为代表的中国共产党人和以胡锦涛同志为代表的中国共产党人都将调查研究摆在全局的高度进行强调。党的十八大以来，以习近平同志为核心的党中央坚持调查研究的工作方法，在全党大兴调查研究之风。《方案》明确提出：“正确的决策离不开调查研究，正确的贯彻落实同样也离不开调查研究。”[1]调查研究成为增强新时代党的执政能力的题中应有之义。

回顾中国共产党 100 多年的发展历程，我们不难发现，调查研究贯穿中国共产党革命、建设、改革的各个历史时期，在帮助党认识国情、解决现实问题、明确目标任务的过程中起到了把方向、谋大局、定政策、促改革的作用。中国共产党面对不同历史阶段的建设目标和任务，适时将调查研究从描述性调研、革命探索性调研、执政摸索性调研向整体统合性调研转变。调查研究成为中国共产党 100 多年奋斗

---

1 《中办印发〈关于在全党大兴调查研究的工作方案〉》，《人民日报》2023 年 3 月 20 日。

征程以及奋战新征程的重要法宝。因此，面对日益复杂多变的国际环境，通过调查研究这一“传家宝”来正确认识和把握我国发展的重大理论与实践问题是历史发展的必然之举。

总的来说，调查研究是一种常规性方案而不是临时性运动，其在中国共产党历史上是一以贯之的。中国共产党人历来对调查研究持之以恒，善始善终、善做善成。《方案》提出大兴调查研究之风，并不是现在才需要，更不代表是“一阵风”，而是一种强调，是对调查研究工作的一种重视。

做好调查研究是党员干部的重要责任和重要素养

个别党员存在一种错误认识：调查研究是重要的，但自己不需要学习了解，应该交给专业调查机构或者专业人士去完成，美其名曰“术业有专攻”“专业的事交给专业的人”。他们认为，在社会分工越来越细化的现代社会，党员干部特别是领导干部并不是调查研究的专业人员，他们可能不精通调查研究方法，很难做好调查研究，参与调查研究只是徒增负担；要求广大党员干部亲自进行调查研究，可能出现“走秀式”形式主义调查研究，或者名义上承担调查研究任务，实质上却由秘书或下属去替代完成的情况。

秉持“专业分工论”从而逃避调查研究的具体表现包括：有的党员干部走不出“文山会海”，强调工作忙，很少下去调查研究；有的满足于看材料、听汇报、上网络，不深入实际生活；有的自认为熟悉本地区、本部门情况，对层出不穷的新情况、新问题反应不敏锐，对形势发展变化提出的新课题、新挑战应对不得力；有的调研走过场，只看“盆景式”典型，满足于听听、转转、看看，蜻蜓点水，浅尝辄止。这种“专业分工论”的错误观点和表现反映了个别党员干部对调查研究的重要性和意义认识不足。

调查研究是党治国理政的基本功，是做好基层工作、服务人民群众的重要途径。毛泽东同志曾深刻总结：“凡是忧愁没有办法的时候就去调查研究，一经调查研究，办法就出来了，问题就解决了。”[1]习近平总书记多次强调：“调查研究是谋事之基、成事之道。没有调查，就没有发言权，更没有决策权。”[2]“正确的决策离不开调查研究，正确的贯彻落实同样也离不开调查研究。”[3]《方案》指出，在全党大兴调查研究是“转变工作作风、密切联系群众、提高履职本领、强化责任担当的有效途径”[4]。党员干部只有有针对性地开展调查研究，才能真正了解人民最关心、最直接、最现实的利益问题，特别是就业、教育、医疗、托育、养老、住房等群众急难愁盼的具体问题。调查研究应贯穿于了

1　中共中央文献研究室编：《毛泽东年谱（1949—1976）》第4卷，中央文献出版社2013年版，第567页。

2　《习近平关于“不忘初心、牢记使命”论述摘编》，党建读物出版社、中央文献出版社2019年版，第211页。

3　《习近平关于“不忘初心、牢记使命”论述摘编》，党建读物出版社、中央文献出版社2019年版，第218页。

4　《中办印发〈关于在全党大兴调查研究的工作方案〉》，《人民日报》2023年3月20日。

解情况、作出决策与政策落实的整个过程。

学习掌握调查研究的本领并成为调查研究的实践者是党员干部的必备素养。1941年《中共中央关于调查研究的决定》曾指出："粗枝大叶、自以为是的主观主义作风，就是党性不纯的第一个表现；而实事求是，理论与实际密切联系，则是一个党性坚强的党员的起码态度。"[1]新时代，正确认识世情、国情、党情、民情，在错综复杂的环境下科学判断形势、正确决策，变得更加重要。这就要求广大党员干部顺应时代发展潮流，学习掌握好调查研究方法，提高调查研究能力。党员干部只有真调研、深调研，亲自调研，力戒"调研秀""问题秀""成果秀"，才能查到实情、获得真知、收到实效。不能以调查研究的分工替代论为幌子，让他人调查，自己坐在办公室里读报告，看间接材料，这样很容易被误导，以至脱离实际。广大党员干部要通过努力提升调查研究能力来改进工作作风并提高决策能力。

调查研究是党和国家制定方针政策的重要依据，是推进国家治理体系和治理能力现代化的重要要求。广大党员干部只有具备更高水平的调查研究能力，遵循实事求是的原则，掌握科学的调研方法，才能真正提高为人民服务的能力。

---

1 《毛泽东文集》第2卷，人民出版社1993年版，第361页。

开展调查研究要与时俱进地运用多种方法

随着媒介技术的快速迭代，数字化社会来临，人们通过移动互联网进行沟通互动，记录自己的喜怒哀乐，传统上以访谈、观察以及开调查会（座谈会）为主的调查研究方法面临社会和技术变革带来的多重挑战。因此，有些人认为，传统的调查研究方法已经过时了，甚至调查研究的时代已经过去，它将被来自互联网的大数据分析和各种痕迹状况记录信息分析所取代。

诚然，在当今社会与技术变迁的背景下，调查研究需要在方案设计、数据收集、数据分析等流程上进行方法创新，如网络调查及大数据分析等。但新方法的使用并不能用来否定传统的方法。调查研究方法是一个综合开放的系统，可以“纳新不弃旧”地获得创新发展。传统的调查方法同样具有现实适应性。

事实上，调查研究是否有效，不取决于调查方法的新与旧，而取决于是否采用了合适的调查研究方法，是否保证了调查研究的科学性。任何一种调查研究方法都有其优缺点，有其适应条件与要求。毛泽东同志早期经常使用的调查方法，包括典型调查和一对一、面对面深度交谈等，更能够与受访者建立信任关系，听到他们的心里话，把问题聊深、聊透、聊彻底，这对于探索了解陌生情况、深入把握事物发展规律具有重要价值。这提醒我们，在实施推进某些战略方案前，需要对试点示范单位或地区进行典型调查来积累经验。例如，20 世纪60年代初，浙江枫桥干部群众创造了“依靠群众就地化解矛盾”的“枫桥经验”，并根据形势变化不断赋予其新的内涵，成为全国政法综治战线的一面旗帜，为了将这一经验更好地学习、形成理论认识并实施推广，对枫桥镇的典型调查就是必不可少的。

调查研究不仅需要党员干部具备满腔的热忱和诚恳扎实的作风，主动和群众交朋友，还要采用科学的方法，保证调查研究的科学性。每一种调查研究方法背后都有其可靠的科学理论逻辑，观察访谈时的微观心理、典型调查的个案推论、问卷调查的抽样方法等都是基于一定的理论逻辑来建构的。大数据分析的逻辑与典型调查的逻辑可以并行不悖，定性调查与定量调查也完全可以结合起来。中国共产党人开展调查研究，既要解剖典型，又要了解全局。那么解剖典型就应该使用解剖典型的方法，了解全局就应该使用了解全局的方法，不能厚此而薄彼。

调查研究的有效开展需要根据调查研究的目的综合采用多种调查研究方法。中国共产党人坚持问题导向开展调查，其采用的调查研究方法具有开放性。同时，调查研究方法应该是与时俱进的。习近平总书记曾指出：“在运用我们党在长期实践中积累的有效方法的同时，要适应新形势新情况特别是当今社会信息网络化的特点，进一步拓展调研渠道、丰富调研手段、创新调研方式，学习、掌握和运用现代科学技术的调研方法，如问卷调查、统计调查、抽样调查、专家调查、网络调查等，并逐步把现代信息技术引入调研领域，提高调研的效率和科学性。”[1]中国共产党人具有与时俱进的品质，当下，我们要借助网络调查、大数据分析等手段来补充完善调查研究方案，充分利用新技术、新方法来提升调查研究能力。

新时代在全党大兴调查研究的着眼点

党治国理政之所以能够取得非凡成就，一个重要的原因就是我们党始终重视调查研究，从调查研究中获取可靠的一手资料，从而制定出符合民之所需的政策方针。马克思主义的辩证唯物主义、人民群众观以及具体问题具体分析等理论原则要求我们必须始终坚持和不断加强调查研究以认识和把握我国发展的重大理论与实践问题。《方案》对党员、干部特别是领导干部开展调查研究提出了具体要求。“临时运动论”“专业分工论”“传统过时论”等都是对党中央号召在全党大兴调查研究精神的背离，面对这三种错误认识，我们需要与之进行理论斗争。同时，基于三种错误认识中体现的部分现实性或合理性因素，我们也应加以辨析，从而提出有针对性的方法，切实有效地推进各项调查研究工作。

第一，跳出运动式治理思维，致力于建设长效化、常规化的调查研究机制。在推进国家治理体系和治理能力现代化的大背景下，跳出

1　习近平：《谈谈调查研究》，《学习时报》2011 年 11 月 21 日。

运动式治理思维是实现社会治理目标的重要举措。调查研究是党治国理政的基本功，因此更需要建立长效化、常规化的调查研究机制，从而为各项政策的实施打好基础。“运动式调研”常常是短期、临时的行动，与形式主义相伴，重面子、轻实效。“运动式调研”虽然有时可以弥补常态化调查研究的不足，但与国家治理体系和治理能力现代化的要求相悖。我们需要建立制度化、常规化的调查研究机制，发挥数据管理局、统计局、调查队等数据信息管理及采集机构的功能，要求广大党员干部特别是各级领导干部每年均需要围绕其中心任务，抓好调研工作。在调研过程中，我们要坚持问题导向，找准切入点进行选题，聚焦工作难点痛点堵点，增强调研针对性，在工作一线发现问题、提出对策、寻求突破。

第二，发挥调查研究专家优势，组织联合调研，共同解决实际问题。调查研究要坚持求真务实，坚持向人民群众学习，坚持点面结合、上下结合、内外结合的原则方法。调查研究要统筹好调查的基础环节和研究的深化环节，充分重视并调动各种相关主体和力量。调查研究需要一定的专业技能，同时也是一项需要大量人力物力的活动，各大高校、媒体、智库机构等都是可以依靠的重要调查研究力量。许多重点高校都设立有社会调查中心或者相关的调查机构，由政府部门协调高校及相关研究机构联合开展相关调查研究，可以有效发挥专家学者的智力优势，促进实际工作部门与调查研究专家学者的交流碰撞，提升调研的整体质量和水准。

第三，完善党员继续学习培训体系，将调查研究方法纳入必学内容。大兴调查研究之风，需要多管齐下。除了领导重视外，还需要加强党员干部的调查研究技能学习培训，将调查研究方法作为必学内容纳入各类学习培训活动中，广泛开展有关调查研究的培训与讲座，邀请有相关经验的专家学者或经验丰富的调查人员进行调查研究方法培训，提高广大党员干部调查研究的意识与能力，帮助他们开展“合适的调查”“正确的调查”。当下经济社会高速发展，党治国理政中时刻面临新情况和新问题，只有真正做好调查研究，了解现实情况，才能保证决策的科学性。对此，广大党员干部和有志于进行调查研究的学者既要掌握好传统调查研究方法，也要对调查研究方法常学常新，善于灵活运用网络调查和大数据分析，将典型调查与大范围调查相结合，对人民群众急难愁盼的问题进行全面的诊断调查。

第二部分

如何搞好调查研究

既要到工作局面好和先进的地方去总结经验，又要到困难较多、情况复杂、矛盾尖锐的地方去研究问题，特别是要多到群众意见多的地方去，多到工作做得差的地方去，既要听群众的顺耳话，也要听群众的逆耳言，这样才能听到实话、察到实情、收到实效。

——习近平总书记 2017 年 10 月在党的十九届一中全会上的讲话

领导干部如何掌握调查研究基本功

洪向华 *

* 作者为洪向华，中共中央党校（国家行政学院）科研部副主任、教授。

习近平总书记在学习贯彻习近平新时代中国特色社会主义思想主题教育工作会议上强调："以深化调查研究推动解决发展难题。"[1] 在全党大兴调查研究，是在全党开展主题教育的重要内容。调查研究是我们党认识世界、改造世界的强大思想武器，认真学习习近平总书记关于调查研究的重要论述，对于党员干部转变工作作风、密切联系群众、提高履职本领、强化责任担当，确定开展调查研究的思路方法，增强贯彻落实党的理论和路线方针政策的自觉性和坚定性具有重要意义。

调查研究是我们党的传家宝，是做好各项工作的基本功

习近平总书记强调："重视调查研究，是我们党在革命、建设、改革各个历史时期做好领导工作的重要传家宝。"[2] 历史和实践反复证明，什么时候我们重视调查研究，坚持一切从实际出发，党和人民事业就能够蒸蒸日上；而如果忽视调查研究，主观认识脱离客观实际，造成决策失误，党和人民的事业就会遭受挫折。

1927 年，为回应当时党内外对轰轰烈烈的农民运动的责难，毛泽东同志回到当时农民运动最盛行的湖南省进行考察，历经 32 天实地考察了湘乡、湘潭、衡山、醴陵、长沙五县的农民运动情况。每到一地就"召集有经验的农民和农运工作同志开调查会，仔细听他们的报

---

1 《扎实抓好主题教育 为奋进新征程凝心聚力》，《人民日报》2023 年 4 月 4 日。

2 习近平：《谈谈调查研究》，《学习时报》2011 年 11 月 21 日。

告，所得材料不少”[1]。调查结束后，毛泽东同志将调查情况写成《湖南农民运动考察报告》，提出农民是中国革命的主力军，明确指出革命党人要重视农民斗争的极端重要性，创造性地提出“农村包围城市，武装夺取政权”的正确道路。

延安整风时期，毛泽东同志向全党提出系统地周密地研究周围环境的任务。1941 年，他在《改造我们的学习》一文中指出：“要使同志们懂得，没有调查就没有发言权，夸夸其谈地乱说一顿和一二三四的现象罗列，都是无用的。”“在全党推行调查研究的计划，是转变党的作风的基础一环。”[2]同年 8 月，党中央发布了《中共中央关于调查研究的决定》和《中共中央关于实施调查研究的决定》两个文件，设立中央调查研究局，调查研究工作从此步入常态化、制度化轨道。1961 年是党的历史上有名的“调查研究年、实事求是年”。这年 3 月，中共中央发出《关于认真进行调查工作问题给各中央局，各省、市、区党委的一封信》，指出：“一切从实际出发，不调查没有发言权，必须成为全党干部的思想和行动的首要准则。”[3]在全党大兴调查研究之风，有力地推动了党内认识的统一，推动了各项工作的扎实开展。

调查研究是谋事之基、成事之道。习近平总书记强调：“不了解真

---

1 《中国共产党重要文献汇编》第 10 卷，人民出版社 2022 年版，第 282 页。
2 《毛泽东选集》第 3 卷，人民出版社 1991 年版，第 802 页。
3 《中共中央文件选集》第 36 册，人民出版社 2013 年版，第 382 页。

实情况，拍脑袋做决定，是做不好工作的。”[1]在调查研究的基础上解决突出矛盾和问题，是我们党一以贯之的优良传统，是谋划工作、科学决策的重要依据。

让改革发展稳定各项任务落下去，让惠及百姓的各项工作实起来，就要在全党推崇实干、力戒空谈、精准发力。调研到位才能求真务实，我们党就是靠实事求是发展起来的。新的征程上，我们要深刻认识到，调查研究不仅是一种工作方法，而且是关系党和人民事业得失成败的大问题。当前，世界百年未有之大变局加速演进，新一轮科技革命和产业变革正在重塑全球经济结构，同时，世界经济复苏乏力，局部冲突和动荡频发，各种可以预料、难以预料的风险增多，我国改革发展稳定面临的深层次矛盾躲不过、绕不开，更需要我们通过调查研究把握事物的本质和规律，找到破解难题的方法和路径。党的二十大擘画了全面建成社会主义现代化强国、实现第二个百年奋斗目标，以中国式现代化全面推进中华民族伟大复兴的宏伟蓝图，明确了新时代新征程党和国家事业发展的目标任务，对统筹推进“五位一体”总体布局、协调推进“四个全面”战略布局作出了全面部署。中国式现代化是前无古人的开创性事业，这一使命任务对我们党谋事创业、作风建设等方面都提出了新的更高要求。将调查研究工作和科学决策紧

1 《习近平关于“不忘初心、牢记使命”论述摘编》，党建读物出版社、中央文献出版社 2019 年版，第 222 页。

密结合起来，才能提高党的执政能力和领导水平，更好地为全面建设社会主义现代化国家服务，更好地为完成新时代新征程的使命任务服务。

调查研究是做好决策咨询的基础。调查研究的过程就是科学决策的过程，既不能省略，也不能马虎。任何决策都应该建立在充分的调查研究基础上。只有深入基层对客观实际情况进行充分的调查了解和分析研究，掌握第一手材料、听取干部群众心声，努力掌握更多的真实情况、找准工作中存在的差距和不足，细致入微地做好调查研究，才能为解决问题、提高工作实效奠定坚实基础，才能确保党的工作决策、指导方针和改革政策符合客观实际。

长期以来，我们党在出台重要方针政策、作出重大决策部署前，都要求有关部门深入基层调查研究，了解和掌握第一手材料。实事求是是我们党思想路线的重要内容。延安时期，毛泽东同志就强调："共产党员应是实事求是的模范"。"只有实事求是，才能完成确定的任务。"[1]在《〈农村调查〉的序言和跋》中，毛泽东同志提出调查研究的方法："第一是眼睛向下，不要只是昂首望天。""第二是开调查会。"[2]做好调查研究，可以从根本上保证党的路线方针政策的正确制定与贯彻执行，使党员干部在工作中尽可能防止和减少失误。当前，我国发展

1 《毛泽东选集》第2卷，人民出版社1991年版，第522页。
2 《毛泽东选集》第3卷，人民出版社1991年版，第789—790页。

面临新的战略机遇、新的战略任务、新的战略阶段、新的战略要求、新的战略环境。风险挑战并存、不确定因素增多，越是形势多变、情况复杂，我们越需要进行全面深入的调查研究。通过调查研究才能对我国当前的社会情况有透彻的了解和认识，从而才能在瞬息万变中，精准把握时代脉搏，准确把握发展规律，进而找到一条符合中国国情的破解难题的办法和路径。

以正确的思路方法提升党员干部调查研究的科学性、有效性、自觉性

习近平总书记强调："要了解实际，就要掌握调查研究这个基本功。要眼睛向下、脚步向下，经常扑下身子、沉到一线，'身入'基层，更要'心到'基层。"[1] 深刻认识党中央作出大兴调查研究决策的战略考量，确定开展调查研究的思路和举措，要"俯下身"全面把握大兴调查研究的总体要求、重点内容、方法步骤等，确保高标准、严要求、高质量开展调查研究工作。

一是坚持求实创新，增强调查研究的科学性。没有调查就没有发言权，没有正确的调查研究同样没有发言权。增强调查研究的科学性，就要坚持实事求是的态度，听真言、察实情、出实招、办实事，努力克服形式主义。习近平总书记曾批评一些领导干部在调查研究过程中

1 《信念坚定对党忠诚实事求是担当作为 努力成为可堪大用能担重任的栋梁之才》，《人民日报》2021年9月2日。

的形式主义作风："当前在领导干部中，不重视调查研究、不善于调查研究的问题还是存在的。""调研走过场，只看'盆景式'典型，满足于听听、转转、看看，蜻蜓点水、浅尝辄止。凡此种种，严重影响决策的科学性，妨碍党的路线方针政策的贯彻执行，也损害领导机关、领导干部的形象。"[1]习近平总书记还告诫党员干部调查研究"必须深入实际、深入基层、深入群众，多层次、多方位、多渠道地调查了解情况。既要调查机关，又要调查基层；既要调查干部，又要调查群众；既要解剖典型，又要了解全局"[2]。

搞清楚"实事"是调查研究的基础。中国的国情是具体的、与时俱进的，而"本本"是对实际事物研究、抽象的结果，不能成为研究问题和作出决策的出发点。我们作出一项科学合理的决策，往往需要大量客观、真实、有效的信息。这就需要问计于基层，问计于群众，获取第一手材料，获得真知灼见，形成正确思路，作出科学判断。因此，我们要注重调查研究的广泛性，避免盲人摸象，以偏概全、以点代面，只见树木、不见森林，更不能带着偏见先入为主、回避矛盾、文过饰非。党员干部要切实深入一线，带头组织和参与调研工作，广泛听取社会各界的意见和建议，认真分析调研所获得的客观准确的第一手信息，形成新举措，作出真正体现时代要求、符合实际情况的科

1　习近平：《谈谈调查研究》，《学习时报》2011 年 11 月 21 日。
2　习近平：《谈谈调查研究》，《学习时报》2011 年 11 月 21 日。

学决策。

同时，我们还要注重调查研究方法的创新，既要不断探索符合新时代要求的调查研究方法和手段，综合运用经济学、社会学、信息论、系统论等多学科理论，为正确决策提供全面、翔实、可靠的信息和数据，又要在具体实践中，站在前人的肩膀上，将传统的调查研究方法与现代调查研究方法相结合，根据调查任务和要求的不同，采用不同的调查方法，把微观调查和宏观调查结合起来，把定性分析和定量分析结合起来，大胆创新，多管齐下，提高调研工作的效率和调研成果的质量。

二是掌握正确方法，增强调查研究的有效性。开展调查研究工作，不能光凭热情和干劲，也要找到正确的思路方法。习近平总书记强调："要大兴调查研究之风，多到分管领域的基层一线去，多到困难多、群众意见集中、工作打不开局面的地方去，体察实情、解剖麻雀，全面掌握情况，做到心中有数。"[1] 调查研究是一个联系群众、为民办事的过程，要坚持以人民为中心。实际的情况群众最了解，存在的问题群众感受最深，对解决问题的办法群众最有发言权。调查研究工作必须识民情、接地气，以人民群众利益为重、以人民群众期盼为念，真诚倾听群众呼声，真实反映群众愿望，真情关心群众疾苦。

我们党大兴调查研究的目的是解决问题，要高效地解决问题就必

1 《坚持团结奋斗 贯彻落实好党的二十大重大决策部署》，《人民日报》2022 年 12 月 28 日。

须保证调查研究结果的真实性、可靠性，并真正实现调查结果的有效转化，制定出可操作性强的方针、政策。调查研究搞得好不好，不是看调研规模有多大、时间有多长，也不是光看调研报告写得怎么样，关键要看调研的实效、成果的运用，看能否把问题解决好。党员干部调查研究的出发点和落脚点是广大人民群众，在调查研究的过程中，更是要以群众为师，“调查研究就像‘十月怀胎’，决策就像‘一朝分娩’。调查研究的过程就是科学决策的过程，千万省略不得、马虎不得。”[1] 党的十八大以来，习近平总书记亲自带队奔赴祖国大江南北，深入基层、深入群众，用真心倾听人民心声、用实干履行庄严承诺，为大兴调查研究之风树立了榜样。大兴调查研究要真正把好事做实，把实事做好，真正干在群众的心坎里。通过真抓实干解民忧、纾民困、暖民心，让群众得实惠，从而让调查研究取得人民满意的实效。

三是强化问题意识，增强调查研究的自觉性。习近平总书记强调，调查研究要“真研究问题、研究真问题”。调查研究要有目的性，要带着问题去调查，这就要求党员干部在开展调查研究时要坚持具体问题具体分析，遇到不同领域、不同类型的问题，要透过现象看本质，厘清问题的轻重缓急、难度等级。党员干部要坚持用辩证唯物主义和历史唯物主义方法，科学分析问题、深入研究问题，去粗取精、去伪

1　习近平：《干在实处　走在前列——推进浙江新发展的思考与实践》，中共中央党校出版社 2006 年版，第 535 页。

存真，由此及彼、由表及里，挖掘问题的症结所在，有针对性地解决问题。

以问题导向引领调研方向，是我们党一以贯之的优良传统。习近平总书记指出："要注重调查研究的针对性，围绕中心、贴近实际，忙在点子上、谋到关键处。"[1] "基层、群众、重要典型和困难的地方，应成为调研重点，要花更多时间去了解和研究。"[2]越是问题突出的地方就越要进行详细的调查，以问题为牵引展开研究与思考，把握调研主动权。领导干部在组织开展调查研究工作前，应做好准备工作，提前搜集问题，并把反馈上来的各种问题进行梳理汇总，明确哪些问题是主要的，需要及时解决；哪些问题是次要的，只需要了解情况。此外，领导干部还要明确解决这些问题需要到什么地方、什么单位、找什么对象，采取什么样的调研方式。

调查研究的过程，就是发现问题、正视问题和破解难题的过程。广大党员干部要敢于到矛盾多、困难多、问题多的地方去，寻求解决之方，真正弄清"朦胧点"，强化"薄弱点"，抓准了问题，调研才不会"挂空挡"；要坚持有什么问题就解决什么问题，什么问题难就重点解决什么问题，什么问题突出就着力攻克什么问题，特别是要敢于触及深层矛盾、善于解决矛盾，向顽瘴痼疾开刀；坚持采取"四不两

1　习近平：《干在实处　走在前列——推进浙江新发展的思考与实践》，中共中央党校出版社 2006 年版，第 556 页。

2　习近平：《谈谈调查研究》，《学习时报》2011 年 11 月 21 日。

直”方式，即不发通知、不打招呼、不听汇报、不用陪同接待，直奔基层、直插现场，了解真实情况、发现真实问题，带着问题开展调查。

调查研究要在求深、求实、求细、求准、求效上下功夫

习近平同志在《之江新语》中提出：“各级领导干部在调查研究工作中，一定要保持求真务实的作风，努力在求深、求实、求细、求准、求效上下功夫。”[1]调查研究不是走马观花，更不是闭门造车，而是要切实走到基层一线，不能只停留在最近、最好的地方，应采取更细、更实的举措，不断提升调查研究成效。

调查研究要加强组织领导，把握工作主动权。2019年，习近平总书记到内蒙古自治区调研指导开展“不忘初心、牢记使命”主题教育时强调：“抓组织领导到位，主要领导同志要带头学习、带头调查研究、带头检视问题、带头整改落实，发挥表率作用。”[2]领导班子既是调查研究的组织者也是调查研究的参与者，要率先垂范，夯实理论基础，认真学习习近平总书记关于调查研究工作的重要论述，深入学习贯彻习近平新时代中国特色社会主义思想；要坚持先学一步、学深一层，深入学习掌握党中央的路线方针政策，不断提高运用科学理论解

1　习近平：《干在实处　走在前列——推进浙江新发展的思考与实践》，中共中央党校出版社2006年版，第535页。
2　《牢记初心使命贯彻以人民为中心发展思想　把祖国北部边疆风景线打造得更加亮丽》，《人民日报》2019年7月17日。

决实际问题的能力，从根本上保证调查研究工作的正确方向；要围绕中心，服务大局，将理论知识转化成攻坚克难、干事创业的实际成效。

调查研究要严明纪律建设，锻造优良作风。严明的纪律、优良的作风是开展调查研究工作的保障。习近平总书记指出："纪律是管党治党的'戒尺'，也是党员、干部约束自身行为的标准和遵循。要把纪律建设摆在更加突出位置，党规制定、党纪教育、执纪监督全过程都要贯彻严的要求，既让铁纪'长牙'、发威，又让干部重视、警醒、知止，使全党形成遵规守纪的高度自觉。"[1] 党员干部在调查研究工作中应严格执行中央八项规定及其实施细则精神，自觉养成在监督和约束下工作生活的习惯，轻车简从，厉行节约，防止"出发一车子、开会一屋子、发言念稿子"式的调研、"作秀式"调研、"嫌贫爱富式"调研；应加强调研统筹工作，避免扎堆调研、多头调研、重复调研，不要增加基层负担；要防止调查多研究少、情况多分析少的情况，并且狠抓调查工作的落实成效。对违反作风建设要求和廉洁自律规定的，各级党组织要依规依纪严肃问责。各级党组织应高度重视调查研究工作，深刻认识到此项工作责任重大，要建设一支高素质专业化的干部队伍，苦干实拼、尽心尽责才能担当起使命、履行好职责。

调查研究要坚持系统观念，强化科学统筹。"不谋万世者，不足谋一时；不谋全局者，不足谋一域。"系统观念是马克思主义政党基

1 《一刻不停推进全面从严治党 保障党的二十大决策部署贯彻落实》，《人民日报》2023 年 1 月 10 日。

础性的思想和工作方法。习近平总书记指出："把握好全局和局部、当前和长远、宏观和微观、主要矛盾和次要矛盾、特殊和一般的关系，不断提高战略思维、历史思维、辩证思维、系统思维、创新思维、法治思维、底线思维能力，为前瞻性思考、全局性谋划、整体性推进党和国家各项事业提供科学思想方法。"[1] 调查研究工作必须坚持系统观念，真正把握事物的本质和规律，找到破解难题的办法和路径，持续在前瞻性思考、全局性谋划、整体性推进上下功夫，不断增强调查研究的科学性、系统性、实效性。

要把握好全局和局部的关系。全局和局部互相依存、互相促进。想问题、干工作，如果不从全局、整体去考虑，就容易顾此失彼。只有做到以一域服务全局，才能通过局部的重点突破推动全局的整体提升。这就要求我们在调查研究中，必须始终把全局作为观察和处理问题的出发点和落脚点，善于把地区和部门的工作融入党和国家事业大棋局，做到既为一域争光，更为全局添彩。

要把握好当前和长远的关系。习近平总书记多次讲到"立足当前、着眼长远"。眼光放得长远，大势才能看得清，问题才能看得准，方向才能辨得明。大兴调查研究，既是聚焦现实问题的有力举措，也是谋划未来的长远工程。开展调查研究，既要立足当下，一步一个脚

1 习近平：《高举中国特色社会主义伟大旗帜 为全面建设社会主义现代化国家而团结奋斗——在中国共产党第二十次全国代表大会上的报告》，人民出版社 2022 年版，第 21 页。

印解决具体问题，又要仰望星空、放眼未来，注重前瞻性思考。在调查研究的过程中，我们应坚持运用辩证眼光看问题，多献务实之策，多谋长远之计，多做打基础、利长远的事，科学研判未来发展趋势，准确把握时代脉搏，使调查研究有力推动党和国家各项事业发展。

要处理好主要矛盾和次要矛盾之间的关系。现代社会是一个多元化的社会，由于社会分工日益精细，社会各方面的差异日益突出，不同地区的发展情况各不相同。在这种情况下，各级党委、政府进行决策的信息量大增，这就要求党员干部善于从大量的个体情况中找到一般的规律。面对复杂的形势和繁重的调查研究工作，党员干部要善于利用矛盾分析法，坚持“两点论”和“重点论”的统一，厘清主要矛盾和次要矛盾、矛盾的主要方面和次要方面，区分轻重缓急，在兼顾一般的同时紧紧抓住主要矛盾和矛盾的主要方面，以重点突破带动整体推进，在整体推进中实现重点突破，从而提升调查研究的效率和质量。

领导干部要切实练好调查研究基本功

刘帮成 *

* 作者为刘帮成，上海交通大学国际与公共事务学院副院长、教授，上海市创新政策评估研究中心主任。

知者行之始，行者知之成。调查研究是贯穿我们党100多年奋斗史的重要工作方法，是我们党在重大历史关头都能及时作出正确判断并团结带领广大人民群众不断从胜利走向胜利的关键法宝。党的十八大以来，习近平总书记高度重视调查研究工作，不仅提出“没有调查，就没有发言权，更没有决策权”“年轻干部要提高调查研究能力”等重要论述，更是始终身体力行，率先垂范，调查足迹遍布祖国的山山水水。当前，我国正处在全面建设社会主义现代化国家开局起步的关键时期，改革发展的深层次矛盾不断涌现。面对严峻复杂的治理形势，调查研究的重要性不言而喻，理应成为各级领导干部提高治理能力的必修课。透视各地治理实践，我们不难发现仍存在部分领导干部对调查研究不够重视、不够擅长、不愿下基层的现象，长此以往将直接影响经济社会高质量发展和社会主义现代化国家建设宏伟目标的实现。2023年3月，中共中央办公厅印发《关于在全党大兴调查研究的工作方案》，为做好新形势下的调查研究工作、推进治理现代化提供了根本遵循，广大领导干部应正确理解调查研究的时代内涵，科学掌握调查研究的路径方法，全面提高调查研究能力。

提升领导干部调查研究能力的现实意义

中国共产党人高度重视的调查研究是以辩证唯物主义认识论为理论支撑，吸收和借鉴社会科学调查研究系统理论和方法而产生的一个特定概念，其目的是剖析具体问题并寻求解决方案。在不同的历史时期，领导干部所需具备的调查研究能力虽有着不同要求，但根本标准是一以贯之的。进入新时代，我们党更加强调领导干部系统运用科学调查研究方法，深入基层开展治理实践，以更好地认识和把握实践中出现的问题的本质和发展规律，进而为科学决策提供参考依据。

提升调查研究能力是走好新时代党的群众路线的必然要求。调查研究是中国共产党的传家宝。早在1927年，毛泽东同志就徒步700余公里，历时32天，深入长沙、湘潭等地考察和调研农民运动。毛泽东同志从实际出发、实事求是、深入群众、身体力行的调查研究方法，为我们党开展调查研究工作作出了很好的示例并指明了努力方向。进入新时代，习近平总书记高度重视调查研究工作，每到一处地方调研，都要深入基层、到群众家里走访。2012年底，习近平总书记冒着零下十几摄氏度的严寒，踏雪前往阜平看望慰问困难群众，考察扶贫开发工作。党的二十大刚闭幕，习近平总书记外出考察第一站就选择了革命老区延安，并深入安塞区高桥镇南沟村果农中，详细询问苹果种植技术、采摘方法、品种质量、销售价格、村民收入，走访调研乡村振兴成果与进度。广大群众既是社会实践的主体，也是调查研究的重要对象。对于领导干部而言，提升调查研究能力的根本目的是实现和维护好广大人民群众的根本利益，而只有通过深入基层、深入群众进行广泛调查研究，设身处地去感受群众所面临的问题，把群众的意见和需求挖掘出来，把群众创造出来的经验提炼出来，走好新时代党的群众路线，才能把党的正确主张变为群众的自觉行动。

提升调查研究能力是领导干部提高决策能力和执行能力的必要前提。调查研究是谋事之基、成事之道。习近平同志早年间担任浙江省委书记时就强调："无论是制定决策、还是实施决策，都离不开调查研究。"[1] 面对经济增速下滑、粗放发展难以为继等改革难题，党的十八大刚闭幕，习近平总书记就前往广东开展系列调研工作，并在考察中强调，要"在深入调查研究的基础上提出全面深化改革的顶层设计和总体规划"[2]。这之后，全国各地围绕全面深化改革的调研紧锣密鼓地开展起来。2020 年，习近平总书记在浙江考察时发现，伴随着贸易摩擦与世纪疫情的叠加影响，全球产业链、供应链出现局部断裂的情况，造成我国国内经济循环不畅等一系列问题。立足此次调研情况，习近平总书记针对新的发展形势提出了新的发展构想，即加快构建以国内大循环为主体、国内国际双循环相互促进的新发展格局。习近平总书记以实际行动说明，调查研究是科学决策的前提，只有通过调查研究才能了解实际情况、正确认识客观世界，有效避免异想天开、坐井观天的"拍脑袋式"决策；进一步地，决策的贯彻落实同样离不开调查研究，只有通过调查研究，才能发现决策实施过程中可能出现的问题

1　习近平：《干在实处　走在前列——推进浙江新发展的思考与实践》，中共中央党校出版社 2006 年版，第 533 页。

2　《做到改革不停顿开放不止步》，《人民日报》2012 年 12 月 11 日。

与困难，进而为正确贯彻落实或完善上级部门制定的相关决策提供相应的智力支持。

提升调查研究能力是领导干部不断破解实践难题，成功应对风险挑战的重要保障。习近平同志在中央党校2011年秋季学期第二批入学学员开学典礼上指出："调查研究的过程，是领导干部提高认识能力、判断能力和工作能力的过程。"[1]从河北正定扛着自行车蹚过滹沱河走村访户，到任职福州后花2/3的时间在基层调研提出"3820"战略工程，再到浙江工作期间深入基层调研提出"八八战略"，习近平同志始终身体力行用好调查研究这一传家宝。世界百年未有之大变局下，高质量发展和社会主义现代化国家建设之路必然会遇到难以想象的惊涛骇浪，领导干部面临的治理难题势必会越来越多样、越来越复杂，这就需要他们与时俱进提升调查研究能力，不断破解实践难题，成功应对风险挑战。一方面，领导干部调查研究能力的高低将直接关系到各项战略任务的有效执行和关键目标的实现。伴随着不断涌现的新矛盾新问题，领导干部所肩负的治理任务也在不断变化，只有保持常态化的调查研究才能在推进国家治理现代化进程中及早察觉倾向性和苗头性问题，防范"黑天鹅""灰犀牛"等事件、防范系统性风险；另一方面，深入实际、深入基层、深入群众进行各种形式和类型的调查研究是领导干部克服本领恐慌、补齐治理能力短板的有效手段。面对新的

1 习近平：《谈谈调查研究》，《学习时报》2011年12月21日。

发展形势，领导干部要通过深入调查研究，与基层干部群众面对面地了解情况和商讨问题，把大量零碎的材料去粗取精、去伪存真，进行由此及彼、由表及里的思考、分析，透过纷繁复杂的现象抓住新矛盾新问题的本质，找出其内在规律，从而作出正确的判断和决策，推动中国特色社会主义伟大实践创新发展。

当前领导干部在调查研究中存在的主要问题

我们应当看到，在现实中，仍存在部分领导干部对调查研究不够重视、不够擅长、不愿下基层的现象，主要表现在以下几个方面。

一是重经验轻事实，缺乏问题导向。问题导向是我们党重要的工作经验，也是习近平总书记多次强调的思想方法和工作方法。开展调查研究，我们就是要坚持问题导向，奔着问题去、向着难处攻，做到有的放矢。然而在实际工作中，有的领导干部囿于过往阅历，一味凭经验决策办事、闭门造车，忽视了调查研究的重要性，作出了一些与真实情况不相符，甚至大相径庭的决策判断。特别是，随着数字技术、人工智能等越发融入工作生活，领导干部获取信息的渠道不再局限于传统的实地考察，部分领导干部在开展调查研究工作的过程中过于依赖新兴信息通信技术，以网络方式完全替代传统的实地调研，忽视了网络信息的迷惑性与失真性，“回音室”效应、“信息茧房”等现象层出不穷。部分领导干部在调查研究中缺乏问题意识还表现在，不能准确把握当地发展面临的症结难题，习惯于走“设计路线”，按部就班、走马观花，往往把资源成本浪费在一些无关痛痒的问题上。

二是重形式轻内容，缺乏实效意识。开展调查研究工作的直接目的是为科学决策和战略规划提供现实依据和有效参考。但在现实中，部分领导干部执着于“文山会海”，抽不出时间下基层调研，只坐在办公室听下级或专职调查研究机构的汇报，对治理实践中的新情况、新问题不甚了解，对自身分管的业务领域亦无法做到知“底数”。有的领导干部口头上表示对调查研究高度重视，但实际中只是做做样子，从根本上认为调查研究是可有可无的、无法直接彰显个人功绩的繁文缛节性工作，即使下去调研也是为了应付上级、完成任务、敷衍了事，把调查研究视为走过场，在调研过程中看不到群众的顾虑、听不到群众的呼声。也有一些领导干部放不下面子和架子，不能真正深入基层、深入群众，对上“只报喜不报忧”，为了调研而“调研”。还有个别领导干部搞“论证式”调研，先预设结论后“量身定做”，带着条条框框下基层寻找一些片面材料来支撑决策，只关心自己想要了解的问题，对于基层治理中盘根错节、千头万绪的问题畏苦畏难、百般推诿、视而不见。

三是重落实轻创新，缺乏过硬本领。调查研究是一项严肃的科学工作，需要统筹难和易、点和面、沿和革，深刻把握守正和创新、全局和一域、当前和长远、发展和安全等关系，才能真正把情况摸清、把问题找准、把对策提实。但在具体部署调查研究工作的过程中，部分地区仍有不少跑偏走样的情况发生，不仅难以获得客观有效的调研效果，反倒为基层增添负担，更不利于领导干部调查研究能力的提升。有的地方认为中央和上级政府制定的方针政策已经足够详尽，到了基层只需“比葫芦画瓢”，简单机械照搬上级指示，按图索骥，无需进一步细化优化调查研究实施方案。更有甚者在调研中忽视客观实际，妄想“一步到位”，在没有充分调研和充分论证的情况下，就盲目地将外地经验“移植”成为自己的调研成果，实施起来没有任何实际价值，出现“水土不服”的后果。有的领导干部没有系统掌握调查研究的方式方法，工作缺乏科学性，方法缺乏灵活性，在调研中因循守旧，不能因时而进，因事而化，因势而新，一味沿用座谈会、实地考察、走访调查等“老三样”调查方式方法，费时费力，事倍功半。

提升领导干部调查研究能力的路径和方法

2018 年 1 月 5 日，习近平总书记在新进中央委员会的委员、候补委员和省部级主要领导干部学习贯彻习近平新时代中国特色社会主义思想和党的十九大精神研讨班开班式上指出：“能力不是一劳永逸、一蹴而就的，必须持续升级、不断扩容。”[1] 新形势、新任务和新挑战呼吁

1 《习近平关于“不忘初心、牢记使命”论述摘编》，党建读物出版社、中央文献出版社 2019 年版，第 221 页。

各级领导干部准确把握提升调查研究能力的路径和方法，并不断付诸实践，更好地推进国家治理体系和治理能力现代化。

第一，坚持问题导向，提高调查研究的实效性和针对性。习近平同志在2011年中央党校秋季学期第二批入学学员开学典礼上指出："衡量调查研究搞得好不好，不是看调查研究的规模有多大、时间有多长，也不是光看调研报告写得怎么样，关键要看调查研究的实效，看调研成果的运用，看能不能把问题解决好。"[1] 一是要坚持问题导向。调查研究是发现问题、解决问题的"总钥匙"，坚持问题导向是做好调查研究的前提条件。只有紧扣关系人民群众生产生活、关系经济社会发展实际、关系全面从严治党的重大战略问题，才能通过研判、分析、推理、总结、归纳把握共性，进而通过共性解析个性，才能扭住解决问题的"牛鼻子"、按住解决问题的"总开关"。二是要锤炼综合分析能力。基于深入调查研究取得的一手资料，领导干部要在整理归纳、去粗取精的基础上综合运用演绎、比较等方式，由此及彼、由表及里开展分析论证，从而找到破解社会发展难题的办法和路径，提高调查研究的实效性和针对性。三是要注重调研成果的运用。以发展为导向，经过系统调查研究后形成的较为成熟的调研成果应及时上报上级政府，推动成功经验由区域扩散至全国；对于已形成举措并落地实施的调研内容，应适时进行跟踪评估，并依据评估结果集思广益，及

1　习近平：《谈谈调查研究》，《学习时报》2011年12月21日。

时对相关政策方案进行调整和优化。

第二，坚持实事求是，强化调查研究的求真性和实效性。坚持实事求是调查研究的重要原则。调查研究是为了把客观规律认识得更深一些，把真实情况掌握得更多一些。从发现问题到解决问题，中间环节是认识问题。只有坚持实事求是，才能正确认识问题，找到解决问题的答案。如果搞本本主义、教条主义，调查研究很容易沦为“作秀”，更求不出客观规律之“是”。为此，一是要力戒调查研究中的形式主义。不搞“蜻蜓点水”式和“委托”式调研，多采取“四不两直”（不发通知、不打招呼、不听汇报、不用陪同接待，直奔基层、直插现场）的调研方式，直接深入基层、深入群众，加大随机调研的频次和力度，灵活运用明察和暗访，真正做到从群众中来到群众中去。二是要积极践行新时代党的群众路线。问题产生在基层，解决方案也散落在基层，各级领导干部要放下面子和架子、扑下身子，带头深入工厂车间、田间地头，认真倾听基层群众的心里话，全面了解群众的诉求和意见，努力解决群众的急难愁盼问题，多串门、多请教、多解忧，真正做到权为民所用、情为民所系、利为民所谋。三是要锤炼求真务实的工作作风。客观、真实是调查研究的题中应有之义，能不能、敢不敢坚持实事求是原则，不仅是水平问题，更是党性问题。领导干部在调查研究的过程中要始终坚持实事求是的原则，既要重“显绩”更要重“潜绩”，既报喜又报忧，不唯书、不唯上、只唯实。

第三，坚持系统思维，强化调查研究的科学性和广泛性。坚持系统观念，是习近平新时代中国特色社会主义思想的世界观和方法论之一，也是推动事业发展的科学思想方法。首先，要深入学习贯彻习近平新时代中国特色社会主义思想，熟练掌握蕴含其中的世界观、方法论和贯穿其中的立场观点方法，吃准吃透政策精神，紧紧围绕重大事项开展基础调研、围绕中心工作开展深入调研、围绕百姓利益开展专题调研、围绕法治建设开展执法调研、围绕决议决定开展跟踪调研。其次，在选择调研对象时需注重代表性和全面性。系统全面才能接近真相、获得真知，调查研究必须统筹兼顾不同群体、不同地区，既要到基层调研又要到机关调研，既要调研群众又要调研干部，既要解剖典型又要了解全局，既要到先进的地方总结经验又要到困难群众较多、情况复杂和矛盾尖锐的地方解决问题。最后，要注重调研方式的多样化。一方面要传承和用好我们党在长期调查实践中积累的诸如入户走访、群众座谈、蹲点调查等有效方法，并探索开展体验式调查研究，将蹲点式调查与挂职下派、“墩苗”计划等培养模式相挂钩；另一方面要主动适应数字社会发展趋势，针对不同调查内容和调查对象，有选择性地运用网络技术、大数据和人工智能等新兴技术，进一步提高调查研究的科学性和工作效率。

第四，建立长效机制，提高调查研究的持续性和深入性。持之以恒地开展调查研究工作不能仅靠领导干部发挥自身的主观能动性，还需建立健全常态化体制机制，即从程序刚性上为提升领导干部调查研究本领创造条件。一是加强党对调查研究工作的领导，各级政府要把调查研究与日常工作开展统一纳入议事日程，结合党中央重要指示要求与最新形势，围绕党和人民最为关注的问题，明确调研主题和时间周期，积极组织调研力量，因地因时因势设计调研内容，及时公布实施方案。二是完善监督考核机制，将调查研究工作纳入日常性工作考核与经常性巡视检查范围内，结合实际开展“回头看”，加强对领导干部的监督，规避“作秀”式调研等现象发生，特别是应赋予人民群众决策评价话语权，把他们的真实感受作为衡量领导干部调查研究工作好坏的标准之一，激励领导干部自觉提升调查研究本领。三是设置日常学习机制，把提升领导干部调查研究能力视作常态化工作内容，依托座谈会、集中培训、轮转进修等不同形式，邀请经验丰富的老同志、理论扎实的高校智库、专业规范的大型社会调查组织等开展常态化理论培训与学习。

操千曲而后晓声，观千剑而后识器。调查研究是获得真知灼见的源头活水，是中国共产党传承百年的传家宝。在全面建成社会主义现代化强国的新征程中，广大领导干部要紧密结合学习贯彻习近平新时代中国特色社会主义思想主题教育，切实把调查研究作为提升自身治理能力的基本功，不断推动党和国家各项事业向前发展。

向毛泽东同志学做调查研究与写调研报告

陆卫明 *

* 作者为陆卫明，西安交通大学马克思主义学院教授、博士生导师，中国马克思主义研究所所长，城市学院思政部主任。

调查研究是中国共产党创造百年伟业的重要法宝，“没有调查，没有发言权”“不做正确的调查同样没有发言权”等著名论断在党内影响深远。只有具体深入翔实的调查研究，才能准确把握中国国情、社会主要矛盾，从而制定正确的方针政策、作出科学的决策。在党的100多年奋斗历程中，毛泽东同志在全党开创重视调查研究之先风，并在实践中形成了一系列调查研究的原则与方法，积累了许多宝贵经验，至今仍闪耀着真理的光芒，为我们做调查研究、写调研报告提供了有益借鉴。

毛泽东同志做调查研究的一般步骤

一是调查研究前做好准备工作。首先，确定调查的主题。调查的主题一般是与民生密切相关的问题，如新民主主义革命时期关于阶级和阶层的生活状况、土地、工商业、手工业等问题。确定好主题，有利于有的放矢，集中调查研究相关问题。调查研究的内容需要有一定的普遍性，如土地分配是中国革命的一个重要课题，如何科学制定土地政策是革命实践中亟须解决的普遍性问题。毛泽东同志在《东塘等处调查》报告中指出实际工作与政府命令并不相符，一般机关里的工作人员认为赣西南几十个县是按照政府颁布的土地法以乡为单位分配土地，但在实际工作中普遍是以村为单位分配，这样的分配方式有利于富农而不利于贫农，应当改变。其次，确定好具有代表性的调研地点。调查研究是从个性到共性的演绎，因此，选择具有代表性的调研地点就显得尤为重要。以《寻乌调查》为例，寻乌地处闽粤赣三省的交界，明确了这个县的情况，“三省交界各县的情况大概相差不远”[1]。最后，拟定调查纲目。纲举则目张，无纲目的随意调查，则会漫无目的，事倍功半。

二是调查研究时深入搜集材料。搜集更多翔实的一手材料，是做好调查研究的基础。毛泽东同志在调查研究中，非常注重材料的搜集，认为“材料是要搜集得愈多愈好，但一定要抓住要点或特点（矛盾的主导方面）”[2]。他撰写的调研报告材料十分翔实。例如，《关于农村调查》一文详细地介绍了调查研究时搜集材料的方法。第一步，先要对调研的对象有一个初步的大体轮廓式的认识，形成一般概念，也就是观察，观察所产生的感性认识是把握事物全貌的基础，毛泽东同志称之为“走马观花”。第二步，详细地搜集具体的原始材料。通过开调查会、解剖麻雀等方法，针对事先准备的调查主题、调查内容，尽可能多地搜集相关材料，这就是“下马看花”。但同时也需要注意，材料的搜集一定要抓住要点，也就是要抓住矛盾的主要方面，如果十样事物，调查了九样，只有一样没有调查，但这九样都是一些次要的东西，丢掉了主要内容，依旧是没有发言权。在做调查研究时需要确保

---

1 《毛泽东文集》第 1 卷，人民出版社 1993 年版，第 119 页。
2 《毛泽东文集》第 2 卷，人民出版社 1993 年版，第 382 页。

搜集到的材料的真实性，让调查对象说真话，就需要学会和群众做朋友，而非做侦探。在调查研究时，调查者需要自己亲自主持调查会，并做会议记录，而不是委托他人，尽可能多地搜集真实有用的材料信息。

三是调查研究后详细分析总结材料。在调查研究的过程中，调查者会搜集到大量的具体材料，这些材料不能简单堆砌，而是需要经过整理、归纳，在撰写调研报告时需要善于运用分析综合的方法，在总体分析中还要有具体的综合。毛泽东同志提出研究中国社会，可以借鉴苏东坡的“八面受敌”法，采用“四面受敌”法，把调查的问题分为政治的、经济的、文化的、军事的四个部分来研究，得出中国革命的结论。在归纳总结材料时，调查者还需要注意把握矛盾分析的方法。矛盾分析实质就是把握事物对立统一的辩证关系，毛泽东同志认为分析法与综合法就是使用了对立统一的观点。在《中国社会各阶级的分析》一文中，毛泽东同志指出中产阶级（主要是指民族资产阶级）既需要革命又怀疑革命，游民无产者既勇敢奋斗，但也有破坏性，如果引导得法，也可以变成一种革命力量。在《兴国调查》中，毛泽东同志既肯定了苏维埃取得的成绩，也分析了政府人员官僚主义，摆架子，没收反动派的东西不发给贫民，拿了卖钱等诸多弊病，这些都是运用对立统一的观点进行分析调查材料的典范。调查的最终目的，就是要发现问题并总结规律，为解决问题提供新方法、新思路。因此，调查者对调查中遇到的实际问题不能熟视无睹，需要经过深思熟虑，最终将理论与实践结合起来。调查无定方、研究无定法，毛泽东同志认为下乡调研需要从实践中不断地充实自己的理论，对存在的问题和取得的经验不断进行反思总结，根据经验改进后续的调查研究工作。

毛泽东同志做调查研究的常用方法

一是开调查会。开调查会是毛泽东同志搜集调研资料的一大特色。在《〈农村调查〉的序言和跋》中，毛泽东同志强调："开调查会，是最简单易行又最忠实可靠的方法，我用这个方法得了很大的益处，这是比较什么大学还要高明的学校。"[1]开调查会这一方法优势显著，可以集中收集问题，迅速了解情况，大大提升调研的效率。另外，要想深入了解社会的真实情况，调查者需要尽可能详细地了解社会各个阶层的真实状况，因而调查的对象要广泛，且具有代表性。老年人经验丰富，不但懂得现状，还知道因果；青年人有进步的思想、敏锐的观察。调查时，调查者还需要注意在工人、农民、商人、知识分子等不同职业中都有代表。调查会的人数可以根据调查人的指挥能力而定，多多益善，但至少需要 3 人，才能不局限于见闻，了解真实的情况。

二是解剖麻雀。所谓"解剖麻雀"，是指在对被调查事物进行初步分析的基础上，选取一个典型的案例进行深入研究。麻雀虽小，五

1 《毛泽东选集》第 3 卷，人民出版社 1991 年版，第 790 页。

脏俱全，对具体典型事例进行深入研究，可以从中找出事物发展的规律，见微知著，从而认知事物整体的发展变化规律。毛泽东同志认为党的领导机关，全国、省和县的负责同志，要亲身调查一两个农村，才能真正弄清农村的具体情况。毛泽东同志尤其喜欢和善用解剖麻雀的方法去调查问题，在《中国佃农生活举例》中，毛泽东同志选取了湖南湘潭西乡的佃农张连初作为调查对象，张连初租种 15 亩田，有一妻一子，具有典型性。毛泽东同志详细记录了张连初一家一年的支出，包括食量、猪油、盐、灯油、茶叶、种子、肥料、租牛、农具消耗等，共计 167.3655 元，还调查记录了这位佃农一年的收入，包括田收、喂猪、冬季或砍柴或挑脚、工食省余，共计 147.72 元。基于详细的调查研究，毛泽东同志得出结论，这位佃农的生活状况收支相抵，不足 19.6455 元，而且是建立在无水旱之灾、身体健康、精明会计算、牲畜无病、冬季整晴不雨、全年无休息的基础之上。基于翔实的调查研究，毛泽东同志指出："这就是中国佃农比世界上无论何国之佃农为苦，而许多佃农被挤离开土地变为兵匪游民之真正原因。"[1]

三是做到胸中有"数"。在《党委会的工作方法》中，毛泽东同志指出："任何质量都表现为一定的数量，没有数量也就没有质量。"[2]不注重基本的统计、主要的百分比，不懂得决定事物质量的数量界限，

1 《中国共产党重要文献汇编》第 9 卷，人民出版社 2022 年版，第 609 页。

2 毛泽东：《党委会的工作方法》，人民出版社 2016 年版，第 5 页。

就难免出错。毛泽东同志在调查研究中十分重视实地走访，多次深入商店、作坊、集市、农户中，充分掌握各阶级各群体的经济状况，详细准确地统计从各阶级的人数、占比到每一个行当的成本、收入的数据，并进行数据分析。可以说，注重数量的精准性，贯穿于毛泽东同志的调查之中。在《寻乌调查》中，毛泽东同志在分析寻乌城人口成分与政治地位时，对寻乌城各阶级人口数与所占总人口的百分比进行了详细的数字统计，在翔实的数据基础上进行了一定的数量分析。例如，农民为 1620 人，占比为 60%；手工业者为 297 人，占比为 11%；游民为 270 人，占比为 10%；商人为 135 人，占比为 5%，等等。从精准的数字分析可知，寻乌城农民和手工业者占比为 71%，“才知它还完全是一个农业手工业城市”[1]。而商人在寻乌城所占比例不大，参加县政府的几个商人也不完全代表商业资产阶级说话，而是接受地主的领导，“这也是因为寻乌城商业不但是很小而且是逐年衰落的原故”[2]。大量精准的数据分析，使毛泽东同志的调查研究具有了科学性与严谨性。

四是使用阶级分析方法。在《反对本本主义》中，毛泽东同志指出：“作为我们社会经济调查的对象的是社会的各阶级，而不是各种片断的社会现象。”[3]因此，在调查中，调查者需要注意各阶级现在与过去

---

1 《毛泽东文集》第 1 卷，人民出版社 1993 年版，第 169 页。
2 《毛泽东文集》第 1 卷，人民出版社 1993 年版，第 171 页。
3 《毛泽东选集》第 1 卷，人民出版社 1991 年版，第 113 页。

的盛衰荣辱的变化，不能粗枝大叶式简单而论。例如，调查农民，不但要知道自耕农、半自耕农、佃农等具有租佃关系的农民数量，而且要知道富农、中农、贫农等以阶级、阶层区分的农民数量；调查商业，调查者要知道小商人、中等商人、大商人的具体数量，进而解剖各种社会阶级，明晰各种阶级的相互关系，更好地制定政策。1927 年，毛泽东同志在湖南 5 个县做了 32 天的考察工作，写下了《湖南农民运动考察报告》。在报告中，毛泽东同志详细调查了富农、中农、贫农，用阶级分析的方法研究了不同阶级在大革命浪潮下对待革命的态度，科学地回应了“糟得很”还是“好得很”的两种议论。在 1930 年的《兴国调查》中，毛泽东同志专门用“斗争中的各阶级”作为一章，详细记录了兴国各个阶级的状况，包括地主、富农、中农、贫农、雇农、手工工人、商人、游民，调查内容包括人数、营生方式、家庭状况、生活诉求等，可谓调查研究中使用阶级分析方法的典范。

毛泽东同志做调查研究时坚持的基本原则

一是坚持党的群众路线。在调查研究中，毛泽东同志坚持党的群众路线，肯定了树立群众意识、密切联系群众的极端重要性。在《〈农村调查〉的序言和跋》中，毛泽东同志明确指出：“群众是真正的英雄，而我们自己则往往是幼稚可笑的，不了解这一点，就不能得到起码的知识。”[1] 人民群众对基层情况最为了解，要想真正了解基层情况，必须问计于群众，深知群众疾苦，明了群众所盼，进而才能解决问题。1933 年，毛泽东同志所作的《长冈乡调查》就是将调查研究与坚持党的群众路线相统一的代表作。例如，在调研长冈乡群众政治生活时，毛泽东同志就发现，长冈乡在宣传中没有指出苏维埃是群众自己管理自己生活的政权，也没有指出选举苏维埃代表是群众最重要的权利；候选人名单人数不足；工作报告会议中没有尽力发动群众对乡苏维埃工作中存在的不足进行批评。在调研公债推销工作时，毛泽东同志肯定了长冈乡工作的特点，用全力去动员群众，用极大的耐心说服群众购买公债。而其他的乡不注重宣传说服，搞强迫摊派，结果公债销数还比长冈乡少至五六倍。这些调查研究的内容都是深入群众生活所得，反映了群众声音，真正体现了坚持党的群众路线的原则。

二是坚持问题导向。毛泽东同志在《反对本本主义》中将调查研究与解决问题的关系作了一个形象的比喻：“调查就像‘十月怀胎’，解决问题就像‘一朝分娩’。调查就是解决问题。”[2] 因此，调查者需要从工作中存在的问题出发来展开调查，这就是坚持问题导向。坚持问题导向需要落脚于中国革命的具体实践。在土地革命时期，党内曾存在着少数只懂得书本教条而不懂得实际情况的党员干部，“下车伊始”

1 《毛泽东选集》第 3 卷，人民出版社 1991 年版，第 790 页。
2 《毛泽东选集》第 1 卷，人民出版社 1991 年版，第 110—111 页。

就乱发议论、乱提意见，“钦差大臣”满天飞。1941 年，毛泽东同志在《中共中央关于调查研究的决定》中指出：“二十年来，我党对于中国历史、中国社会与国际情况的研究，虽然是逐渐进步的，逐渐增加其知识的，但仍然是非常不足。”[1]由于缺乏以解决实际问题为导向的调查研究，党内一定时期里主观主义作风盛行，使中国革命遭受挫折。另外，鉴于党内一定时期里对中国社会现状等重要问题认识模糊，毛泽东同志深入调查农村的土地、阶级、工商业等诸多状况，并决定在中央设置调查研究机关，收集国内外政治、军事、经济、文化及社会阶级关系各方面材料，加以研究，为解决中国革命的现实问题提供重要依据。

三是强调领导干部需要“亲身出马”。做好调查研究是领导干部认识社会现状的重要抓手，因此，领导干部需要亲身去做调查研究，不能由别人代劳。在《反对本本主义》中，毛泽东同志指出：“凡担负指导工作的人，从乡政府主席到全国中央政府主席，从大队长到总司令，从支部书记到总书记，一定都要亲身从事社会经济的实际调查，不能单靠书面报告，因为二者是两回事。”[2]领导干部“亲身出马”进行调查，在实践中深入了解社会经济情况，才能及时总结群众斗争经验。《湖南农民运动考察报告》《宁冈调查》《寻乌调查》等经典的调研报

1 《毛泽东选集》第 2 卷，人民出版社 1991 年版，第 360 页。
2 《毛泽东选集》第 1 卷，人民出版社 1991 年版，第 117 页。

告，都是毛泽东同志亲身考察的结果。在《寻乌调查》中，毛泽东同志来到寻乌的商店、杂货铺、药材铺、裁缝铺等场所，与商人、手工业者面对面交流，搜集到了寻乌商业经营的第一手资料。除了“亲身出马”参与调研外，毛泽东同志还特别强调要自己口问手写，“调查不但要自己当主席，适当地指挥调查会的到会人，而且要自己做记录，把调查的结果记下来。假手于人是不行的”[1]。亲身调查、记录的内容，会加深领导干部对社会现状的认知，在“亲身出马”的调查过程中能够更好地总结经验，再用这些经验随时去改进以后的调查和整理材料的工作。同时，领导干部“亲身出马”开展社会调查也是密切干群关系的重要途径。1941 年，毛泽东同志在《关于农村调查》中写道，调查会刚开始时，参会者往往有所拘束，发言较少，提供信息有限，毛泽东同志发现这一现象后，就请他们吃了饭，晚上把宽大温暖的被子让给他们，在被调查者脸上有了笑容后，再进行调查，他们自然就毫无拘束，开始热烈讨论、无话不谈，亲切得像自家人一样。1956 年，毛泽东同志为准备召开党的八大，就找了 34 个部的同志谈话，每天一起床就开始听汇报，一听就是四五个小时，最终形成了著名的《论十大关系》，成为我们党探索适合中国国情的社会主义建设道路的开端。

1 《毛泽东选集》第 1 卷，人民出版社 1991 年版，第 118 页。

向毛泽东同志学习如何写好调研报告

一是侧重应用第一手材料。毛泽东同志写的调研报告，第一手材料占据相当重要的篇幅，时至今日都是我们分析新民主主义革命时期农村问题、阶级矛盾的重要证据。这些第一手材料涵盖了一个地区的各类信息。以《寻乌调查》为例，报告中详细介绍了寻乌地区的交通状况、通信方式、商品类别、商品价格、经营方式、职业人口比例等重要内容。同时，毛泽东同志在调研报告中还记录了社会各阶级各群体的真实想法，这类资料也十分重要。《兴国调查》记录了对傅济庭、李昌英、陈侦山等 8 名农民的调查访谈记录。其中李昌英谈到他的儿子李全坡在乡政府经管彭屋洞方面的军器（梭镖、鸟枪、刀等），自己愿意当红军，但在农忙时期希望请假回去安顿好家里情况，再来当红军。陈侦山谈到妇女参加革命的热情很高，“妇娘子看见分了田，租也不要量了，债也不要还了，心里不胜欢喜，老二的妇娘子便高兴地去乡政府当妇女赤卫队长”[1]，“因为妇娘子自己在政府办事，经常说别人应该好歹扯匀，所以在扯匀自己的田时，她也是赞成的”[2]。这些群众的主观真实想法十分丰富，毛泽东同志善于把第一手材料写入调研报告，既提升调研报告的可读性，也为我们制定政策提供了现实依据，融入了群众的真实感受。

---

1 《毛泽东农村调查文集》，人民出版社 1982 年版，第 191 页。
2 《毛泽东农村调查文集》，人民出版社 1982 年版，第 191 页。

二是突出分门别类的叙事逻辑。毛泽东同志撰写的调研报告逻辑性很强，一方面，重视对事物进行分类，将一个大问题分为不同的小的专题，进而加以汇总。在《反对本本主义》中，毛泽东同志强调："所谓'调查纲目'，要有大纲，还要有细目，如'商业'是个大纲，'布匹''粮食''杂货''药材'都是细目，布匹下再分'洋布''土布''绸缎'各项细目。"[1] 如此，调查者方能在调查会上按纲目发问，有的放矢。毛泽东同志撰写的调研报告注重问题的分类。在《寻乌调查》中，毛泽东同志先确立了寻乌的政治区划、交通、商业、旧有土地关系、土地斗争 5 个大的调研主题，每个调研主题下面再设置调研的专题，在"寻乌的商业"这一主题中，毛泽东同志分门别类调研了寻乌城通商往来的主要商路、出口的货物门类、重要市场以及寻乌城经营的商品种类；在"寻乌城"这一专题里，又详细列举了盐、杂货等不同商业的经营现状。从《寻乌调查》中，我们可以看出毛泽东同志调研内容之多、范围之广、资料之丰富，这些内容经过分门别类的整理之后，条分缕析，简洁明了，认真读后自然会对寻乌城的现状有一个全面、清晰的认知。另一方面，调研报告注重事物的动态发展。事物总是动态发展变化的，在调研报告中，需要按照时间或者空间维度有逻辑地写清楚事物发展变化的过程，使读者能够更好把握调研对象的现状。在《长冈乡调查》中，由于发生饥荒，群众生活面临极大

1 《毛泽东选集》第 1 卷，人民出版社 1991 年版，第 117 页。

挑战，毛泽东同志客观地记录了长冈乡的饥荒状况，有 80% 的群众缺粮，需要依靠从东固、富田等地调粮，勉强度荒，无饿饭的。不过由于及时应对，保障了秋耕、冬耕，并通过经济手段调节，可以保证第二年不怕灾荒，甚至油料还有富余、衣服增一倍、雇农生活得到改良。这些信息按照事物发展的时间顺序编排，符合一般的认知逻辑，读者可以感受到由于政府应对得当，人民群众应对自然灾害的能力提升，生活也越来越好。

三是语言注重准确性与生动性相结合。调研报告的内容既需要体现出调研报告作为实用类文体的准确性，也需要注重调研报告的可读性，增添生动、活泼的内容，毛泽东同志撰写的调研报告就是两者相结合的典范。要想使调研报告具有准确性，就需要表达准确、用词严谨，在涉及调研种类、数字时，务求语言平实、客观。在《兴国调查》中，毛泽东同志详细调查了在农民中起到平准作用的公堂义仓，“本区义仓，各乡都有”，“这三个乡共有十五个义仓，一千七百石谷，几乎每村有一个义仓。只有第四乡（人口二千）仅一个义仓，一百石谷”。这些文字体现了毛泽东同志语言的简洁性与严谨性，简明扼要地介绍了兴国第十区义仓的概况，读者由此可以清晰地看出兴国第十区义仓的发展状况。

同时，语言注重增强调研报告的生动性、可读性。毛泽东同志善于在调研报告中融入群众语言，使用第一人称反映群众声音，使群众从调研对象转化为调研的参与者，也提升了读者的参与感。如在《湖南农民运动考察报告》中就有大量群众的言论以及与群众的对话，十分形象鲜活，令人难以忘怀。文中在介绍大革命在湖南的影响力时，毛泽东同志记录了一个绅士模样的人在路上碰了一个农民，绅士不肯让路，农民愤然说："土豪劣绅！晓得三民主义吗？"连城市街上的小孩甚至乡下的小孩子，都在唱"打倒列强……"[1]毛泽东同志在分析湖南农民对待神权态度转变的过程时，记录了自己与农民的对话场景："那些帝君、大士们也可怜，敬了几百年，一个土豪劣绅不曾替你们打倒！现在你们想减租，我请问你们有什么法子，信神呀，还是信农民会？"[2]毛泽东同志讲完这些话，农民们都笑了起来。这些生动的材料既能提供充分的证据，又能给人身临其境的感受，以便读者从更近的视角来观察问题。同时，毛泽东同志在调研报告中也会适当地使用富有感情的语言。如在《湖南农民运动考察报告》中，毛泽东同志写道："革命不是请客吃饭，不是做文章，不是绘画绣花，不能那样雅致，那样从容不迫，文质彬彬，那样温良恭俭让。革命是暴动，是一个阶级推翻一个阶级的暴烈的行动。"[3]毛泽东同志基于翔实的调研材料，在发现农民受到政权、神权、族权、父权的全面压迫后，以这样富有气势、感情丰富的语句，回答了所谓"过分"的问题，使人产生强烈共鸣。

1 《中国共产党重要文献汇编》第 10 卷，人民出版社 2022 年版，第 304—305 页。
2 《中国共产党重要文献汇编》第 10 卷，人民出版社 2022 年版，第 304 页。
3 《中国共产党重要文献汇编》第 10 卷，人民出版社 2022 年版，第 287 页。

以问题意识推动调查研究走深走实

滕玉成 *

* 作者为滕玉成，山东大学政治学与公共管理学院教授、山东大学人才战略与区域发展研究中心主任。

对个人来讲，调查研究是从事相关学术研究、工作研究必须掌握的基本知识和基本技能，更是各级领导干部必须具备的基本功夫和看家本领。随着领导干部学历层次的普遍提高，特别是近年来干部教育培训科学化程度的快速提升，各级领导干部对调查研究的意义、价值、功用，调查研究的材料加工、信息处理、数据统计，如何摸清问题、找寻原因、确定对策，如何以调查研究更好推动工作等，都有较为系统的学习、理解、训练。可以说，领导干部普遍具备较全、较高的调查研究素养，其中有相当一部分可谓调查研究素养优异。就机构设置和职能而言，当前党政机关相关调研部门多——既设有政研室、研究室、统计局、社会经济调查队、大数据局及各部门下的研究机构，还在省级与部分市设有社科院及其他事业单位性质的专门研究院所，各种信息、数据、资料量大且收集、传输、筛选速度快、质量高，使用简洁、方便。既然如此，党中央为什么要在全党大兴调查研究之风，中共中央办公厅为什么专门印发《关于在全党大兴调查研究的工作方案》（以下简称《方案》）呢？如何才能搞好一个有深度、有温度的调查研究呢？

全面深刻把握大兴调查研究之风的时代意义

回首我们党 100 多年的历史可知，什么时候重视并加强调查研究，党的决策部署就符合客观实际，事业就顺利发展；反之，什么时候忽视调查研究或者调查研究不足，往往会造成决策失误，事业就会蒙受损失。党的十八大以来，习近平总书记高度重视调查研究这一我们党的传家宝，并深刻阐明调查研究的极端重要性，为全党大兴调查研究、做好各项工作提供了根本遵循。正如习近平总书记所指出的："'一语不能践，万卷徒空虚。'要教育引导广大党员干部了解民情、掌握实情，搞清楚问题是什么、症结在哪里，拿出破解难题的实招、硬招。调查研究要注重实效，使调研的过程成为加深对党的创新理论领悟的过程，成为保持同人民群众血肉联系的过程，成为推动事业发展的过程。"[1] 调查研究的价值、大兴调查研究之风的时代意义也正在于此。

一是有助于破解发展难题。当前，世界百年未有之大变局加速演进，世界局势动荡加剧、不确定性继续增强，国内改革发展稳定亟须解决的问题严峻复杂、不少深层次矛盾躲不开绕不过，各地各部门迫切需要找到破解难题的办法和路径，促进各项工作守正创新、取得突破。不论是从学术研究角度，还是从工作实务出发，调查研究都是把握事物的本质和规律之道、解决问题的策略和法宝。正如《方案》所提出的，聚焦调查研究，抓好贯彻落实，必须"使调查研究工作同中心工作和决策需要紧密结合起来，更好为科学决策服务，为提高党的执政能力和领导水平服务，为完成新时代新征程的使命任务服务"[2]。

1　习近平：《在"不忘初心、牢记使命"主题教育工作会议上的讲话》，人民出版社 2019 年版，第 10—11 页。

2　《中办印发〈关于在全党大兴调查研究的工作方案〉》，《人民日报》2023 年 3 月 20 日。

因此，调查研究的过程就是确认难题破解之路的过程，即通过调查研究，掌握基层的真实情况，了解基层干部、群众的真实想法，发现真实问题，查清真实原因，提出解决问题的策略，可简化为查问题、找原因、定对策的过程。正如毛泽东同志曾指出的："凡是忧愁没有办法的时候，就去调查研究，一经调查研究，办法就出来了，问题就解决了。"[1]"只有蠢人，才是他一个人，或者邀集一堆人，不作调查，而只是冥思苦索地'想办法'，'打主意'。须知这是一定不能想出什么好办法，打出什么好主意的。"[2]习近平总书记也强调："调查研究是谋事之基、成事之道。没有调查，就没有发言权，更没有决策权。"[3]

二是有助于深入学习习近平新时代中国特色社会主义思想。习近平新时代中国特色社会主义思想是我们党紧密结合新的时代条件和实践要求所书写的坚持和发展中国特色社会主义的崭新篇章。学习贯彻习近平新时代中国特色社会主义思想重在学思用贯通、知信行统一，为此，根据党的二十大部署，中央决定在全党深入开展学习贯彻习近平新时代中国特色社会主义思想主题教育。这次主题教育要着力解决理论学习、政治素质、能力本领、担当作为、工作作风、廉洁自律等 6 个方面的问题，把理论学习、调查研究、推动发展、检视整改贯通起来，有机融合、一体推进，抓好调查研究成果转化，解决群众急难

1　中共中央文献研究室:《毛泽东思想年编（1921—1975）》，中央文献出版社 2011 年版，第 910 页。
2　《毛泽东选集》第 1 卷，人民出版社 1991 年版，第 110 页。
3　《习近平关于全面深化改革论述摘编》，中央文献出版社 2014 年版，第 37—38 页。

愁盼问题，专项整治突出问题，最终以群众满意不满意作为根本评判标准。因此，调查研究的过程就是深入学习贯彻习近平新时代中国特色社会主义思想的过程。正如习近平总书记所指出的："了解民情、掌握实情，搞清楚问题是什么、症结在哪里，拿出破解难题的实招、硬招。调查研究要注重实效，使调研的过程成为加深对党的创新理论领悟的过程，成为保持同人民群众血肉联系的过程，成为推动事业发展的过程。"[1]

三是有助于加强干部队伍作风建设。干部作风包括思想作风、工作作风、领导作风、生活作风，涉及学风、文风、会风。中国共产党历来极其重视干部作风建设，党的十八大以来，习近平总书记多次围绕作风建设作出重要论述："优良作风就是我们党历来坚持的理论联系实际、密切联系群众、批评和自我批评以及艰苦奋斗、求真务实等作风。""加强和改进党的作风建设，核心问题是保持党同人民群众的血肉联系；马克思主义执政党的最大危险就是脱离群众。""能否保持党同人民群众的血肉联系，决定着党的事业的成败。"[2]调查研究是"从群众中来，到群众中去"，通过不断转变工作作风、不断加强与人民群众的血肉联系、不断提高履职本领、不断强化责任担当，实现坚持人民主体地位、尊重人民首创精神，践行以人民为中心的发展思想，不

1 《习近平关于"不忘初心、牢记使命"论述摘编》，党建读物出版社、中央文献出版社 2019 年版，第 226—227 页。

2 《习近平谈治国理政》第 1 卷，外文出版社 2018 年版，第 366—367 页。

断实现好、维护好、发展好最广大人民根本利益。因此，这是一个不断加强作风建设的动态过程，其关键是既问需于民、问情于民、问政于民、问计于民，又多谋民利、多解民忧、多办好事、多做实事；既要继续反对各种形式主义、官僚主义，又要坚决防止调查研究的各种"新形式主义"——扎堆、重复、作秀式等"伪调研"。

以强烈的问题意识推动问题的发现与解决

调查研究是"调查 + 研究"，调查是解决问题的基础，研究是认识问题的关键。二者或是围绕问题的发现与解决，通过掌握基层的真实情况、基层干部和群众的真实想法，发现真实问题，提出解决问题策略展开的；或是带着问题、领着任务，通过调查研究，查清真实原因，找寻问题解决之策的。因此，问题是调查研究的焦点，但能不能找到问题解决之策，需要每位领导干部具备一项基本素质，即在区别问题与问题意识的基础上，以强烈的问题意识去推动问题的发现与解决。

什么是问题？马克思指出："问题却是公开的、无所顾忌的、支配一切个人的时代之声。问题是时代的格言，是表现时代自己内心状态的最实际的呼声。"[1] 毛泽东同志曾指出："问题就是事物的矛盾。哪里

1 《马克思恩格斯全集》第 1 卷，人民出版社 1995 年版，第 203 页。

有没有解决的矛盾，哪里就有问题。”[1]习近平总书记在讲到我们党面临的问题和挑战时毫不回避地指出：“严重的问题不是存在问题，而是不愿不敢直面问题、不想不去。”“解决问题。要坚持问题导向，真刀真枪解决问题。”[2]为此，习近平总书记强调：“要有强烈的问题意识，以重大问题为导向，抓住关键问题进一步研究思考，着力推动解决我国发展面临的一系列突出矛盾和问题。”[3]这涉及如何对待问题和问题意识。

在马克思看来，出现问题是正常的，并不可怕，“一个时代的迫切问题，有着和任何在内容上有根据的因而也是合理的问题共同的命运：主要的困难不是答案，而是问题”，但“需要用老练的眼光才能区别什么属于个人，什么属于时代”。[4]也就是说，马克思已确立了问题的时代性，问题本身自然归于时代；那么，归于个人的就是“问题意识”。因此，在马克思主义的视野中，真正的问题不是抽象的、虚幻的纯粹理论，而是具体的、现实的人的问题。恩格斯曾这样评价马克思：“在前人认为已有答案的地方，他却认为只是问题所在。”[5]马克思主义就是一种具有强烈问题意识的科学理论，马克思、恩格斯也正是以敏锐的洞察力实现了对资本主义世界的深刻揭示和对未来人类社

1 《毛泽东选集》第 3 卷，人民出版社 1991 年版，第 839 页。
2 《牢记初心使命，推进自我革命》,《求是》2019 年第 15 期。
3 《十八大以来重要文献选编》上册，中央文献出版社 2014 年版，第 497 页。
4 《马克思恩格斯全集》第 1 卷，人民出版社 1995 年版，第 203 页。
5 《马克思恩格斯文集》第 6 卷，人民出版社 2009 年版，第 21 页。

会的美好设想，可以说坚持问题意识和问题导向正是马克思主义的鲜明特点。

回顾我们党100多年的历程，以毛泽东同志为主要代表的中国共产党人，以强烈的问题意识和问题导向，从中国实际问题出发，对各种主义进行反复检验，最终历史地选择马克思主义作为解决中国问题、走向民族复兴的指导思想。改革开放后，以邓小平同志为主要代表的中国共产党人继承和发扬了从实际问题出发、以问题为导向的优良传统和工作作风，在理论创新和实践探索中开辟了中国特色社会主义道路。党的十八大以来，以习近平同志为核心的党中央紧紧围绕新时代中国发展面临的各种问题科学布局、精准施策，创立了习近平新时代中国特色社会主义思想，推动马克思主义中国化实现新的飞跃。因此，中国共产党人坚持领会马克思主义精髓要义，善于发现问题，敢于直面问题，冷静分析问题，科学解决问题，推动了马克思主义在中国的灵活运用和创新发展。[1]可以说坚持问题意识和问题导向也是中国共产党人的显著特征。

矛盾的普遍性和客观性，既说明了我们所处的世界就是一个问题世界，也意味着我们的工作就是不停地解决问题。反过来讲，如果心中、眼里没有问题，也就意味着没有工作、没有成绩。[2]这也就决定了

1　王立胜：《问题意识及问题导向的科学逻辑》，《人民论坛》2022年第18期。

2　何毅亭：《以习近平同志为核心的党中央治国理政新理念新思想新战略》，人民出版社2017年版，第226页。

对待问题只有敢于直面、善于调查研究，才有可能精准把握进而有效破解。从领导干部个体来说，有没有问题意识，能不能坚持问题导向，具备不具备调查研究的思想自觉、政治自觉、行动自觉，反映了他的精神状态和思想境界，体现了他的领导能力和领导水平。不论是本地区、本部门和本单位的改革与发展，还是中国式现代化道路的探索和推进，都需要每位领导干部以敏锐、强烈的问题意识，持之以恒、坚定不移地坚持以问题为导向，去不断发现问题、不断解决问题。换言之，坚持问题意识和问题导向，是推动各项工作的强大动力，也使调查研究找准了靶心所在。正如习近平总书记所指出的："学习掌握事物矛盾运动的基本原理，不断强化问题意识，积极面对和化解前进中遇到的矛盾。问题是事物矛盾的表现形式，我们强调增强问题意识、坚持问题导向，就是承认矛盾的普遍性、客观性，就是要善于把认识和化解矛盾作为打开工作局面的突破口。"[1]所以，《方案》列出了12个方面的问题，包括本地区本部门本单位长期未解决的老大难问题，并要求紧紧围绕全面贯彻落实党的二十大精神、推动高质量发展，直奔问题去，实行问题大梳理、难题大排查，着力打通贯彻执行中的堵点淤点难点。

---

1 《坚持运用辩证唯物主义世界观方法论 提高解决我国改革发展基本问题本领》，《人民日报》2015年1月24日。

做实调查研究的要诀

调查研究一般可分为三个阶段，即准备阶段、实施阶段和完成阶段。尽管不同阶段有不同的具体任务和要求，但有一条红线或灵魂贯穿所有阶段，对其可用一个字来概括："实"——实事求是，不唯书、不唯上、只唯实，情况摸实、问题查实、原因挖实、对策夯实，即以"实"求得对问题的解答。也正如明末清初思想家唐甄所说，"以实则治，以文则不治"。首先，在准备阶段——调研前，主要是确定调查研究的目的、问题、程序、方法、对象、时间及其他事项。该阶段的要求：老老实实针对问题、制订计划、做好预案，即真心实意做准备。其次，在实施阶段——调研中，主要是搜集、整理、分析材料，综合提炼调查研究成果。该阶段的要求：扎扎实实做调研，既要获得具备真凭实据的材料，又要增进与基层干部群众的真情实感。最后，在完成阶段——调研后，主要是撰写调研报告。该阶段的要求：踏踏实实思考，形成切切实实的问题解决方案，并能够付之于工作实践，通过真抓实干，取得工作改进的实效。为此，在遵照《方案》的"五个必须坚持"（必须坚持党的群众路线、实事求是、问题导向、攻坚克难和系统观念）的前提下，应注意如下六个方面。

第一，调查研究应亲力亲为。亲力亲为是把调查研究做实的核心。调查研究切忌由他人代劳，如果领导干部只是出个面、签个字，其他的都由职能部门人员或若干个助手、外请第三方专业人士（通常是高校、党校、研究机构的专家及其助手、学生）去搞，自己对中央政策的领会、理解，多年来形成的改革发展的经验，对工作的思考、设计至多用在对调研报告可能的修改之中。正如前述的调查研究是调查+研究，他人不能代替自己的亲身观察、亲自交流，也无法替代自己的思考、设想——对问题的摸排、原因的查找、对策的确认，然后，自己还必须把这些写出来，并将对策用于工作实践。实际上，调查研究也是一个向群众学习、向实践学习的学用结合、学以致用的能动过程，只有亲力亲为才能多接触一下烟火气、多接点地气。

第二，调查研究需实地观察访谈。实地观察访谈是把调查研究做实的基础。如上所言，各地职能部门、业务部门的数据、资料非常丰富，专门的线上线下的问卷调查、大数据等没有必要自己再做。而调查研究本身又是一项实践活动或实践工作，只有指向实践的调查研究，才可能是真实、务实的调研。为此，应直接按“四不两直”办，绕开各中间环节，到现场实地观察、访谈，与干部群众交心、交友。正如习近平总书记强调的，要“多到分管领域的基层一线去，多到困难多、群众意见集中、工作打不开局面的地方去”[1]。现场有两种，一是原始的，即原汁原味的；二是经过刻意布置的，即修饰、文饰过的。绝大多数领导干部都具备对后者的判断能力，因此，即使调研的是后者，也不必过虑，再找没有布置过的现场调研就行。同时，只要领导

1 《坚持团结奋斗 贯彻落实好党的二十大重大决策部署》，《人民日报》2022 年 12 月 28 日。

干部交心，绝大多数基层干群都会与之交心，而且还会与其一起分析问题、查找原因。

第三，调查研究是平等交流。平等交流是把调查研究做实的关键。如前所述，今天的调查研究，最关键的不是领导干部调查研究的能力、方法，而是态度、作风，也不是多少数据、资料，而是针对数据、资料的思考和讨论。为此，领导干部必须放下架子、扑下身子，老老实实地做一名调查员、研究员，结合党委政府的调研任务、调研专题，既不能搞成活动、检查，也不能让基层搞接待、写汇报或布置其他任务，更不能搞突然袭击，而是要带着问题，到基层一线多看看，找明白人多聊聊，与基层干部、群众平等交流、一起探讨，尽量避免给基层添加负担。只要与基层干部群众心理“零距离”接触、面对面贴心交流，他们多数能放下思想负担、丢掉包袱参与到调研中来，领导干部就能听到更多基层干部群众的所思所想、所急所盼，获得更多真心实意、真材实料的意见和建议。

第四，调查研究应针对问题。针对问题是把调查研究做实的前提。调查研究是为了解决问题，不应为难提出问题的人，而应尊重、激励不同的声音。如同《方案》要求的，调查研究要“直奔问题去”。因此，领导干部经过一番调查研究，了解基层真实情况之后，更不该对基层挑刺、找毛病，特别是不该为难提出问题、发出不同声音的人。实际上，这些提出问题、发出不同声音的人，通常具有强烈的问题意识，他们提出问题、发出不同的声音，是对问题的发现和解决立有大功劳的，理应得到嘉奖。否则，不仅不能使问题得以顺利解决，还会抑制基层的活力和创新。历史上的反面事例不少，要引以为戒！仅就笔者的调研经历来说，不论是在省市机关，还是街镇居村，尽管笔者只是一名高校教师，并尽量以自己的真诚赢得大家的信任，但有的干部群众还是存有顾虑的，要获得真材实料并非那么简单。有个别干部私下实言相告："在一些场合，我们说的是一种情况，请你多理解。""你的真诚让我们觉得不给你谈谈我们的真实想法很过意不去。""最后还是不忘强调，请对事不对人。"这些干部群众的顾虑都显示出调查研究"针对问题而不针对人"的必要性。

第五，调查研究报告多向党内经典学。调查研究报告多向党内经典学是把调查研究做实的保证。众所周知，以毛泽东同志为主要代表的中国共产党人撰写了众多经典的调查研究报告。其中，毛泽东同志堪称调查研究的典范，他撰写的很多调查研究报告是党内的光辉文献，指引了我国的革命和建设，如《反对本本主义》《兴国调查》《寻乌调查》《论十大关系》等。这些调研报告至今仍是调研报告的经典范本。笔者每每捧读，仍常常拍案叫绝，并被作者坚定的信念、宽广的视野、浓厚的情感、敏锐的观察、深刻的思想、丰富的语言表达能力等所折服。所以，写调研报告的教材就是党内这些著名的调研报告，每位领导干部都要向党内经典学习怎么搞调查研究、如何写调研报告。

鼓励百花齐放、百家争鸣，提倡朴实通俗、简明简洁，强调有话则长、无话则短，防止一知半解、似是而非，反对长篇累牍、冗词赘句。

第六，调查研究要确认问题解决之策。确认问题解决之策是把调查研究做实的重要标志。如前所述，调查研究是为了发现和解决问题，但调查研究本身不是目的，只是持续改进工作的手段，即通过调查研究摸实情况、找准问题、查清原因、提出对策，以解决问题为根本目的，不断创新工作。因此，评价调查研究的质量，既要看调研报告写得如何，更要看调查研究实效，即重在调研成果的实践运用成效。为此，一是对于短期就能解决的问题，要马上就办、立行立改；二是对短期难以解决的问题，需进一步明确责任人、经办人，制订计划、步骤，盯住不放、持续推进，直到问题解决；三是对调研发现的经实践证明行之有效的各种创新做法、经验，要及时宣传推广；四是对那些经过充分研究、相对成熟的调研成果，按程序及时上升为政策，转化为具体措施；五是对现行政策的调查研究，要根据调研结果及时评估，按程序对其进行修订，不断提高决策的科学性。同时，还要注意两点，一是必须将人民群众最关心、最不满意、最亟待解决的问题作为重中之重，尽最大努力抓整改、抓落实；二是对调研对象、问题解决情况等进行定期回访，做好督查督办和跟踪，不断提高抓落实的质量，进一步主动发现和解决新的问题。

蹲点调研：基本特征与实践要点

廉思 *

* 作者为廉思，中央团校科研与智库工作部主任，二级教授、博士生导师。

习近平总书记多次强调，调查研究是谋事之基、成事之道。深入实际调查研究，是我们党的基本工作方法，也是我们党的优良传统和作风。蹲点调研作为开展调查研究的重要方法之一，不仅是我们党100多年来行之有效且符合中国国情的调查方法，也是党员干部密切联系群众的纽带。简而言之，蹲点调查是根据调查目的和要求，在对调查对象进行初步分析的基础上，有意识地选取具有代表性的典型单位进行深入细致的调查研究，借以认识同类事物的发展变化规律的一种调查方法。

与抽样调查、全面调查等不同的是，蹲点调研不靠量取胜，而是依靠对“点”的挖掘体现其价值，用相对集中的“蹲”来获得事物的状态和特征。蹲点调研注重整体与情境，以时间和精力的相对集中投入取代样本数量，以访谈的深度取代访谈人数，以观察的全面细致取代观察的次数，以真切的现场感取代枯燥繁琐的数字统计。

回望100多年的党史，蹲点调研是毛泽东同志等老一辈革命家在艰苦的革命战争环境中开辟“山沟沟里的马克思主义”的典型明证，是我们党在革命实践中摸索出来的简便易行而又效果上佳的调查方法。作为中国共产党在调查方法上的创新，蹲点调研成为我们党在调查研究方面的优良传统和务实作风，并进一步促进了调查研究史的发展。蹲点调研不是一种单一的方法，而是一个有着完备理论体系的方法群，这一体系在方法论、认识论、本体论方面有着不同于西方实证主义社会学的特点。蹲点调研注重整体思维，适宜中国土壤，它不是直接套用理论，而是从经验中生发出具有解释力的观点，它不是低水平的经验主义，而是具有中国特色的研究方法，是马克思主义中国化的鲜明体现之一。

蹲点调研：具有三大基本特征

第一，集中力量，省时省力。从统计学的角度来看，蹲点调研非全面调查，不如普查和抽样调查准确性高。但是，普查工作量大，所需经费、时间和人力较多，除统计部门外，一般的调查中很少采用。而抽样调查是 20 世纪 30 年代以来，随着抽样理论、统计分析方法、问卷技术、计算机技术的完善和普及而发展起来的。目前中国社会学界公认的三大抽样调查是中国人民大学的中国综合社会调查（CGSS）、中国社会科学院的中国社会状况综合调查（CSS）和北京大学的中国家庭追踪调查（CFPS）。这三大抽样调查用数据方式记录中国社会的发展与变迁，为分析和理解转型时期国家变化提供了丰富资料。但这些大型的抽样调查也存在一些短板：数据向社会公开的时间较为滞后，问卷发放面向全口径（成年）人口（如若对某一群体展开研究则数据量较小），问题设计针对性不强等。相对于抽样调查，蹲点调研的优点十分明显：调查对象集中、调查时间相对较短、调查内容系统周密、了解问题深、反映情况快、节省人力物力等。就中国的现实情况来看，蹲点调研确实是一种省时省力、简便易行、成本收益比合适的调查方法。

第二，以点带类，以类带面。全息理论告诉我们，宇宙是一个各部分之间全息关联的统一整体，它具有部分是整体的缩影的规律。蹲点调研将社会看作一个不可分割的、各部分之间紧密关联的整体，任何一个部分都反映着整体的信息。一滴水也能折射出太阳的光辉，要了解世界无需阅遍万物，只需选取其中一“点”便可窥见一斑，关键在于要把这一“点”选取好。个性中有共性的规律，甚至含有更深层次的规律。蹲点调研的“点”若能恰当反映“类”的情况，呈现“面”的微缩，调查者就可以此从局部推断整体，从“窗口”测度全局。虽然蹲点调研是在革命战争年代客观条件受限的情况下产生的调查方法，但在今天大数据和统计技术非常发达的背景下，依然有其广泛的应用场景和强大的生命力。

第三，深度入场，获得真知。“点”是特定时间和空间构筑的场域，蹲点调研要求调查者必须在场，需要亲身体验现场活动，只有亲身体会才能掌握现场诸多明面的或暗面的现象和信息。“点”是经验和事实的场域，承载着那些正在发生的、有待调查者去关注观察的经验和事实，而真正体现在研究过程和研究成果上的就是那些扎根于“点”的发现，它们更具画面感和鲜活感。“点”是复杂关系的场域，在生动的社会行为和社会政治过程背后，它蕴含着个体、家庭、社区与国家等复杂多元的社会关系网络，这些错综复杂的关系有待调查者去分析和揭示。“点”是发现问题的场域，调查者只有进入到“点”中去，开展扎实深入的调查研究，才能发现真问题、好问题。“点”也是校验理论的场域，“现场出真知”，但凡源自现场的概念、知识和理论，无一不是经过了反复调查、反复校验、再构建和再理论化的过程。

蹲点调研：选“点”有讲究

蹲点调研首先面临的问题是如何选“点”。“点”的选择是基于我们对所要调查的社会现象的初步认识。这种初步认识与实际情况的相符程度直接影响着“点”的代表性，初步认识的偏差往往会导致选“点”的偏差，从而降低“点”的代表性。我们可以通过找典型来选“点”。1941 年 9 月，毛泽东同志在向中央妇委和中共中央西北局联合组成的妇女生活调查团发表讲话时谈及“怎样找调查的典型”。毛泽东同志指出：“调查的典型可以分为三种：一、先进的，二、中间的，三、落后的。如果能依据这种分类，每类调查两三个，即可知一般的情形了。”[1]可见，毛泽东同志在选择调研“点”时，十分注意“点”所代表的“类”的范围和边界，强调一“点”尽可能代表一“类”，通过不同的“点”涵盖更多的“类”，从而带动了解更多的“面”。

就形式来说，蹲点调研属于典型调查，但就其目的来说，蹲点调

1 《毛泽东文集》第 2 卷，人民出版社 1993 年版，第 383 页。

研又不同于一般的典型调查。蹲点调研得到的结论不仅适用于“点”本身，而且适用于“点”所代表的“类”的总体。这是因为蹲点调研依据的是事物的个性和共性的辩证关系。社会现象总体所具有的共性包含在属于这一社会现象的个体之中，因此，对个体“点”进行调查研究是认识“类”的共性的重要途径之一。

“点”是在一定的对象总体范围（类）内具有代表性的单位。在一定范围（类）内具有典型意义的“点”，到了另一范围（类）就可能转变为非典型。因此，离开了“类”的边界，“点”也就失去了意义。诚然，任何个性都包含着一定的共性，但这不等于每一个性中都具有不变的共性内容。个性与共性的区别是相对的，个性中所包含的共性内容也是随着对象范围的变化而变化的。毛泽东同志在《矛盾论》中指出：“由于事物范围的极其广大，发展的无限性，所以，在一定场合为普遍性的东西，而在另一一定场合则变为特殊性。反之，在一定场合为特殊性的东西，而在另一一定场合则变为普遍性。”[1]蹲点调研的目的是从个性中发现共性，因此，确定对象总体的范围（类）尤其重要。但是，蹲点调研本身并不包括确定对象总体范围（类）的方法，因而容易混淆个性同共性的关系，将“点”上结论的适用范围扩大或缩小。人们有可能夸大“点”中的共性内容，从而把某一“点”反映的“类”的情况扩大为“面”的普遍情况，没有考虑到“点”的适用范围仅在

1 《毛泽东选集》第 1 卷，人民出版社 1991 年版，第 318 页。

"类"内。超过"类"的范围,"点"则不具有典型意义。

"解剖麻雀法":蹲点调研的"方法群"

在问卷调查中,调查者与调查对象在很大程度上是"独立的",问卷调查可以不进入现场,而蹲点调研必须"入场"。蹲点调研以具有完整经验的个案为主要调查对象,以深度访谈和座谈会为主要方法,强调在主客体良性互动基础上获得对现象的认识。

这是一个由简到繁再删繁成简的过程,也是一个由抽象到具体再由具体到抽象的过程。所谓麻雀虽小,五脏俱全,因此蹲点调研的方法群也被形象地称为"解剖麻雀法"。

解剖麻雀法一般采用定性研究法,但这并不意味着定量研究法不能运用到蹲点调研中来,也不代表蹲点调研不需要有类似于抽样的思维。如果缺少抽样思维,往往影响到蹲点调研的科学性。毛泽东同志曾谈到:"寻乌调查找的是一部分中级干部,一部分下级干部,一个穷秀才,一个破产了的商会会长,一个在知县衙门管钱粮的已经失了业的小官吏。他们都给了我很多闻所未闻的知识。"[1]在毛泽东同志的观念中,已经有社会分层的意识。蹲点调研虽然不做严格抽样,但要具有抽样思维。这种抽样思维与社会统计学意义上的抽样方法相比,根本差别在于抽样时样本框是模糊的,样本差异程度也不清楚,需要调

1 《毛泽东选集》第3卷,人民出版社1991年版,第790页。

查者在蹲点的过程中，不断更新对样本及其差异的认识。调查者运用抽样思维是希望在相对集中的蹲点时间里，尽可能多地了解“点”的信息。

需要注意的是，蹲点调研不是“照相机”和“复印机”，不能只是听听、转转、看看，为了搜集资料而搜集资料，而是要通过具有强烈现场感的搜集资料方式捕捉和发现问题，通过“访谈＋座谈”、参与式观察等形式同调查对象密切接触和互动，从而获取对于现象的感悟和体验。调查者将自己长期浸泡在现场之中，直面问题，亲力亲为，最终获得厚重的生活质感并理解事物的运作逻辑。蹲点调研最大的特色是在亲自搜集资料的过程中感悟、体验、理解社会并产生判断和认识，而不是拿着脚本、走指定线路、听经验汇报。

情感融入和价值中立是蹲点调研的重要原则。既要融进去又要跳出来，这其中的关键是要分辨调查者和他者的价值情感。具体来说，调查者在进入现场之前，必须对调查对象的背景有一定的了解，对其生活环境有一定的研究；以一个陌生人的视角去分析这些资料，不轻视数据、不选择性过滤信息、不预设观点。进入“点”开始实地调查后，调查者应熟悉调查对象的生活环境，进行情感投入，和调查对象“坐一条板凳”聊天，真切地感受其所思所想、所愿所盼。当进入撰写报告的过程后，调查者应以高度的注意力和忍耐力与调查对象尽量保持一臂之距，对调查对象进行理性、平和、客观的描述。如果在这个过程中调查者原有的价值观念和社会事实之间产生冲突，或者调查者调查发现的社会事实和前人已有的判断结论产生矛盾，这时调查者不能对信息做过滤性处理和想当然的价值祛除，而要基于自己调查的事实真相给出扎实可靠的研究结论。

从现象到问题：养成群众体感

问题来源于现场，浸透在现象里，活跃在情境里。问题不会自动呈现在调查者面前，调查者需要坚定的信念和足够的耐心发现问题，也需要具备一定的识别和提炼能力，而这种能力来源于调查者的群众体感。

群众体感是对人民群众切身利益的把握领悟能力，是倾听群众诉求、用心用情来解决群众急难愁盼问题的能力，是清楚问题本质、全面精准摸清群众真实意愿的能力。群众体感也是调查者心中有数的表现，是一种准确判断事物发展逻辑、透过现象看本质、从无序中看到有序、从芜杂信息中抓住关键信息进行提炼概括的能力。群众体感往往表现为一种直觉，具备群众体感的调查者，可以基于现场的直接观察和切身感受，把表象与真相、现象与本质直接联系起来，把思维认识直接引向正确方向，通过直觉直接找准问题。

群众体感是社会事实在调查者心中形成的印记。具备群众体感的调查者，在现场总是处在想问题的状态之中，而经常思考问题的人，会在理解力上有一种通透感——“透”意味着不是只谈现象而不谈现象背后可能存在的原因。在一个有群众体感的调查者那里，处处是田野，人人有故事，他可以从纷繁复杂的现象当中迅速找到主要矛盾和矛盾的主要方面，可以真诚倾听群众呼声、真实反映群众愿望、真情关心群众疾苦。而没有群众体感的调查者，要么对现象进行片段化的理解，要么陷入纷繁复杂的现象之中理不出头绪，无法发现真正的问题。

培养群众体感务求实效。群众体感是一种与理论辨析、概念演绎和定量定性方法都有所不同的基础性感知能力，它不能通过理论学习和阅读文件养成，而只能依靠在群众生活中“浸泡”获得。从这个意义上讲，群众体感是一种实践知识、直接知识或者说是经由实践获得的经验。群众体感要求调查者必须在场，要和现场的人物、事件发生互动，在地化地理解现象。在这个过程中，调查者和调查对象之间、资料收集和分析之间，都在现场发生着密切互动。群众体感要求调查者亲自“身入”，用心去和群众沟通，用心体会、理解，这其中绝无捷径可走。群众体感是调查者必须具备的基本素养，调查研究实际上是群众体感逐渐养成的过程。具备了群众体感，调查者就有了一双发现问题的慧眼，也就可以“寻声赴感”。

从问题到经验：训练归纳思维

基于“点”形成的经验，是调查者从个案材料中直接得出的认识，是对现象经验的结构化阐释，可称为经验性认知，即朴素经验主义。经验性认知是对现象的抽象认识，是一类事物的属性在人们主观上的反映。它超越于调研材料，具有相对结构化的体系。经验性认知位于材料和理论的连接处，是对问题的抽象和规律的下沉。正因为经验性认知具有一定的逻辑性，因此其呈现出的实证性与科学性较强。经验性认知包含理论的基本要素和基本关系，但独立于理论而存在，它不构成一套自洽的解释体系，只是基于对个案的深刻分析。

经验性认知具有以下几个特征：首先，它不是现象的白描或记录，不是用材料来解释现象，而是有一定的结构化和逻辑性，力图揭示现象发生机理；其次，它不能直接用来解释其他现象，只对当前的“点”有效，因此不能算得上是普适的理论框架；最后，它蕴含某种规律，力图形成规律性认知从而用来解释更普遍的情况。经验性认知既不能将理论直接降维，使之成为经验，导致现象的消解，也不能直接将经验升维，使之成为规律，导致理论的特殊化和超验化。总之，经验性认知介于个体和总体之间，用于沟通两者的互动与转化。

经验性认知建立在“点”的个案基础上，所以它不试图建构包打天下的解释框架，而是通过自身的解释实现对现象的更深一步认知。从问题到经验性认知要完成两个层面的任务：一是将“点”的内在逻辑抽离出来，进一步结构化；二是找到可以使用的理论工具，使“点”的经验具有向更高层次更广范围冲刺的可能性。从这个意义上讲，经验性认知是具有中观特色的认识论研究，它要回答的是如何对特定现象作出特定解释的问题，是介于形而下的现象和形而上的规律之间必不可少的阶段内容。

从发现问题到形成经验性认知，中间需要运用归纳思维进行深入分析。归纳思维有三个过程：一是对现象进行直接解释，即利用已有经验来解释当前个案；二是在已有认知的关照下，将直接解释结构化，即合并同类项，找到不同个案中公约数的部分；三是将结构化的认识置于其他现象当中探求该解释的有效性，并作出相应修正，从而提出更准确的解释机制。三个步骤不断反复，最终打磨出一个相对理想的、能够解释个案现象的经验性认知。

蹲点的“点”是特殊化的，对“点”中特殊问题域的特殊阐释是个性化的，但是这种个性化的阐释具有一定的逻辑性和结构性，意味着它能够进一步的规律化和理论化。调查者要对调查中形成的经验性认知进行深入分析，得出哪些判断是具有偶然性和不确定性的，而哪些判断具有升维的价值。调查者期待的是从特殊走向普遍，从结构走向系统，也就是说，调查者要在特殊现象中发现普遍性的规律，即所谓的规律性。找到了规律性，调查者才算完成了研究的任务。

从经验到规律：储备理论工具、形成社会学想象力

经验性认知是对个案特殊性的提炼，它基于“点”的情况提炼出合理的解释框架来解读“点”的经验。但调查研究不能止步于此，还要完成穿透“点”的效果。从“点”上获得的经验性认知很多，但哪些是只针对这个“点”有效的？哪些可以扩展到“类”甚至“面”，让更多的“点”借鉴的？对此，应通过对“点”的经验把握，上升到规律层面，生成一个具有普遍解释力的规律性认知。规律性认知要回答的是如何实现“点”的扩展性的问题。

调查研究中最具魅力之处正在于调查者从个案中总结出的经验性认知上升到规律性认知这一步。这首先需要理论工具的帮助。规律是一种普遍化和结构化的解释框架，但是在面对具体问题域时，规律会完成一个由特殊化向普遍化的转变，也就是将基于“点”的经验性认知经由一定的理论工具，上升到规律性认知的层面。在这个过程中，理论具体化了，而经验理论化了。这需要调查者熟练掌握理论知识。只有具备了一定的理论储备，调查者对经验性认知的解读才会得心应手。

其次，还需要社会学想象力的加持。社会学想象力这一概念最早由美国社会学家米尔斯在 1959 年的著作《社会学想象力》中提出。它是指一个现象绝不会孤立地存在，人的想象力可以发现与之相关的新现象或新联系。这方面最著名的事例当属物理学家牛顿基于树上偶然

掉落的苹果由此而联想到万有引力概念之间关系的发现，这是由某一特殊个案的经验性认知而联想到其背后深藏着的规律性认知。规律性认知就是要找寻到现象相关性的联系以及它们究竟是如何联系起来的，现象之间的相互联系是想象力的关键。由此及彼的社会学想象力需要调查者在自我感受上有打通的体验，将既往的看似无联系的现象能够相互贯通在一起，形成一种曼妙无比的通体彻悟之感。具备社会学想象力的调查者能透过现象看到一般人所看不到的东西，所以，起而行之走入人民群众之中，才敢想、会想、想得合情合理。现场蕴含着想象，调查研究并非简单地了解情况，也不仅是从理论到理论的思辨，而是借助想象力去联结现象，进而推动理论与实践对话。

最后，“点”的经验性认知借助理论工具的抽象，通过社会学想象力和调查者已有的经验联系起来，进而上升为规律性认知。此时，“点”上的发现就超越了单一性与偶然性，平衡了特殊性与普遍性，解决了扩展性与有效性。“点”的意义逐渐被发现并放大的过程，就是从经验上升到规律的过程，也是由朴素经验主义上升到辩证唯物主义的过程。

当前，我国发展面临新的战略机遇、新的战略任务、新的战略阶段、新的战略要求、新的战略环境。离基层越近，我们离办法也就越近；离群众越近，我们做决策也就越实。蹲点调研立足中国实际，在深刻把握中国社会发展规律的基础上找到解决问题的办法，体现了中国共产党人创新的方法论，必然在中华民族伟大复兴的历史征程中发挥更大的价值。让我们把蹲点调研做深做实，继承并发扬好我们党调查研究这一优良传统，以高质量调研成果推动中国式现代化取得新进展新突破。

调查研究既要“调”更要“研”和“用”

宁阳 *

* 作者为宁阳，华北电力大学马克思主义学院教授。

重视调查研究是中国共产党的宝贵经验

调查研究是中国共产党的优良传统和基本经验，也是各级领导干部做好工作的一项基本功。毛泽东同志曾提出“没有调查就没有发言权”，并在新民主主义革命时期、社会主义革命和建设时期开展了大量调查，为中国革命和社会主义建设事业开辟了成功道路、指明了正确方向。邓小平同志提出：“离开群众经验和群众意见的调查研究，那末，任何天才的领导者也不可能进行正确的领导。”[1]正是建立在大量调研的基础上，邓小平同志作出了我国处于并将长期处于社会主义初级阶段的科学判断，准确把握了中国这一最大的实际，开创了中国特色社会主义的新篇章。以江泽民同志为主要代表的中国共产党人、以胡锦涛同志为主要代表的中国共产党人都非常重视调查研究。社会主义现代化建设事业，正是在坚持和加强调查研究中一步步向前推进的。党的十八大以来，习近平总书记高度重视调查研究工作，在不同场合反复强调调查研究是谋事之基、成事之道，没有调查就没有发言权，没有调查就没有决策权。习近平总书记更是深入基层、深入群众，调研的脚步走遍了祖国的大江南北。

100 多年来，中国共产党始终重视和坚持调查研究，注重在调查研究中提高工作本领，形成科学的调研理论和工作方法。无论是在社会主义革命和建设时期、改革开放和社会主义现代化建设新时期，还

---

1 《邓小平文选》第 1 卷，人民出版社 1994 年版，第 219 页。

是在中国特色社会主义新时代，中国共产党通过深入调查研究，充分把握各个历史时期中国社会的基本国情，全面了解广大人民群众的愿望诉求，不断推动党和国家事业向前发展。过去的成功离不开调查研究，未来宏伟目标的实现更离不开调查研究。当前，我国发展面临新的战略机遇、新的战略任务、新的战略阶段、新的战略要求、新的战略环境。世界百年未有之大变局加速演进，不确定、难预料因素增多，国内改革发展稳定面临不少深层次矛盾躲不开、绕不过，各种风险挑战、困难问题比以往更加严峻复杂，迫切需要通过调查研究把握事物的本质和规律，找到破解难题的办法和路径。

全面深入占有材料确保调查取得实效

调查研究是获得真知灼见的源头活水，是做好工作的基本功。党的二十大报告提出明确要求："促进党员干部特别是领导干部带头深入调查研究，扑下身子干实事、谋实招、求实效。"[1]调查研究求得实效，必须全面深入占有材料。巧妇难为无米之炊，调查是前提，没有全面的调查，党员干部不能全面深入占有材料，便无法开展研究，更谈不上贯彻落实。因此，调查是第一阶段和首要环节。只有坚持实事求是，贯彻群众路线，强化问题意识，党员干部才能全面深入占有丰富的材

1　习近平：《高举中国特色社会主义伟大旗帜　为全面建设社会主义现代化国家而团结奋斗——在中国共产党第二十次全国代表大会上的报告》，人民出版社 2022 年版，第 68 页。

料，确保调查取得实效。

第一，必须坚持实事求是。实事求是是我们党思想路线的核心，也是正确理解和执行党的路线、方针、政策的保证。调查要看到真相、听到真话、得到真心、取得实效，党员干部必须坚持实事求是的工作态度，有一是一、有二是二，既报喜又报忧，不唯书、不唯上、只唯实。调查必须扎扎实实，来不得半点虚假，不折腾、不作秀，不走马观花、不点到为止，不搞形式主义，否则，党员干部不仅掌握不了真实情况、得不到有价值的信息，还会造成资源的浪费，滋生腐败，损害党的形象，破坏干群关系。马克思指出：“研究必须充分地占有材料，分析它的各种发展形式，探寻这些形式的内在联系。只有这项工作完成以后，现实的运动才能适当地叙述出来。”[1]党员干部能否全面深入地占有材料，决定了调查研究的可信度和有效性。调查务求“深、实、细、准、效”，党员干部既要身入基层、心到基层，还要深入基层。党员干部要到基层一线去，多到困难多、群众意见集中、工作局面打不开的地方去，体察实情、解剖麻雀，全面掌握情况，做到心中有数。党员干部不仅要听相关部门的报告，更要多听没有准备的汇报；不仅要认真地听，还要实地看，要“亲口尝尝梨子的味道”，“深入”是获得一手材料的必要条件。同时，必须全面占有材料。党员干部要多层次、多方位、多渠道地调查了解情况，既要调查机关，又要调查基层；

1　《马克思恩格斯选集》第2卷，人民出版社1995年版，第111页。

既要调查干部，又要调查群众；既要解剖典型，又要了解全局；既要到工作局面好和先进的地方去总结经验，又要到困难较多、情况复杂、矛盾尖锐的地方去研究问题。只有这样才能获得全面、真实的情况，找到正确解决问题的新视角、新思路和新对策。

第二，必须贯彻群众路线。一切依靠群众，一切为了群众，从群众中来，到群众中去，是我们党的群众路线。密切联系群众是我们党的优良作风。调查研究必须贯彻群众路线。调查研究的目的是解决人民群众急难愁盼的问题，满足人民日益增长的美好生活需要。离开了以人民为中心，不解决实际问题的调研，没有任何意义。调研的效果怎样、成效几何，人民群众最有发言权，他们也应当是最权威的评判者。广大党员干部要坚持深入基层密切联系群众的作风。正如李强总理所言："坐在办公室碰到的都是问题，深入基层看到的全是办法。"党员干部不沉下身子，不深入基层，不重视汲取群众智慧，便不能取得真正的实效。调研前，党员干部要广泛倾听群众呼声，了解民情，确定调研方向。调研中，党员干部要深度参与群众生活，摸清问题的来龙去脉，放下架子、扑下身子，向群众学习，从人民群众的实践中汲取智慧，找到解决问题的"通关密码"。调研后，党员干部要认真研究分析，将调研成果转化为决策部署，拿出"实招""硬招"，调研成效交由人民群众来检验和评判。

第三，必须强化问题意识。问题是时代的先声，增强问题意识，是做好调查研究工作的重要基础。问题意识到不到位，能不能抓住关键问题，直接决定调查研究工作的成效。近日，中共中央办公厅印发《关于在全党大兴调查研究的工作方案》，要求突出问题导向和目标导向，促进广大党员干部特别是领导干部带头深入调查研究。只有明确问题，才能以清晰的认识找准调查研究的核心要点，用准调查研究的方式方法，抓准调查研究的结果成效。党员干部要带着问题去调研，调研要有的放矢、对症下药，要有靶向和目标，没有问题的调研，便失去了方向，无所适从。因此，党员干部调研前必须清楚地把握好需要调研的问题，需要了解的情况，这样目标明确、问题清晰，在调研过程中就会事半功倍，否则就会像无头苍蝇一般，乱飞一气。同时应当明确，带着问题去调研和通过调研解决问题是“一体两面”的关系，带着问题去调研才会发现真问题，而通过调研才能获得解决问题的办法，解决问题是调研的最终目的。如果找出问题后就束之高阁，既不及时回应，也不跟踪问效，将调研成果停留在纸面上，这样的“调研”就毫无价值。

科学分析研究确保真正发现问题

调查研究，包括调查与研究两个环节。调查是基础，研究是关键。调查是通过对客观事物的考查和查证来了解客观事实真相的一种感性认识活动，研究则是通过对调查得来的感性材料进行加工制作，透过现象认识事物的本质和规律的一种理性认识活动。调查研究不仅要调查，还要研究，而且在某种意义上讲，研究比调查本身更重要。从开展调查研究的实际情况看，有调查不够的问题，也有研究不够的问题，而后一个问题可能更加突出。对调研材料的科学分析，需要在思维方式上坚持系统观念，在分析方法上坚持定性与定量相结合，在研究过程中要多方参与、集思广益。

第一，在思维方式上要坚持系统观念。系统观念是马克思主义认识论和方法论的重要范畴，是中国共产党人重要的思想和工作方法。习近平总书记指出："要加强调查研究，坚持发展地而不是静止地、全面地而不是片面地、系统地而不是零散地、普遍联系地而不是单一孤立地观察事物，准确把握客观实际，真正掌握规律，妥善处理各种重大关系。"[1]调查的目的是解决问题。因此，调查过程完结并不意味着问题的解决。调查材料无论多么全面，调查过程无论多么具体，只是为问题的解决提供了必要的前提。在对调查材料进行分析的过程中，党员干部要坚持系统观念。一方面，要把握好全局和局部的关系。局部和全局互相依存、互相促进。如果不从全局、整体去考虑，就容易"只见树木不见森林"、顾此失彼。同时，全局性的东西，不能脱离局部而独立。另一方面，要把握好宏观和微观的关系。微观是宏观的基础，

1 《坚持运用辩证唯物主义世界观方法论　提高解决我国改革发展基本问题本领》，《人民日报》2015 年 1 月 25 日。

宏观是微观的环境。在调查研究过程中，既要总体分析面上的情况，又要深入解剖麻雀，这样党员干部才能提出切实可行的政策举措和工作方案。

第二，在分析方法上坚持定性与定量相结合。调查得来的大量数据信息只是提供了最初的原材料，而要得到有价值的信息，从而发现问题，必须进行再处理。在进行分析研究的时候，并非材料越多越好，信息量越大越好，而是应该尽可能化繁为简，留下最实用的信息，因此要对调研材料进行去粗取精、去伪存真、由此及彼、由表及里的深加工、精加工，把零散的认识系统化，把粗浅的认识深刻化，从中把握特点规律，拿出解决问题的对策建议。在分析方法上，我们要坚持定性分析和定量分析相结合。定量方法更多地用于描述总体的分布、结构、趋势及特征，以及揭示变量之间的相关关系、验证已有的理论假设等，而定性方法更多地用于揭示现象变化过程、现象内在联系、调研对象的主观认知，诠释行为意义，解释变量之间的因果联系等。定性与定量分析各有优势，二者相互补充、相互促进。定性分析是定量分析的前提，没有定性分析的定量是盲目的、毫无价值的，定量分析使定性分析更科学、更准确，可以促使定性分析得出广泛而深入的结论。

第三，在研究过程中要多方参与、集思广益。调研是了解客观事物真相的重要途径，是把握事物内在规律的桥梁。研究是解决问题的关键，如果不能很好地深入研究，不能真正发现问题，或者不能发现根本问题，只是看到了细枝末节，那就是舍本取末，抑或是看到某一方面的具体问题，却忽略了共性的问题，就无法真正解决问题。因此，党员干部对调研材料进行深入分析，找到数据之间的内在关系，把握共性和个性问题，并不是一件容易的事情，单凭个人或单方面的力量往往不足以胜任。既然“研究”的环节如此重要，党员干部必须下足功夫，来个“八面来风”，集思广益、汲取多方智慧。一是充分利用调研团队的力量，调动每个人的积极性、主动性、创造性，聚焦调研主题，通过小型会议、个别谈话、集体讨论等方式进行。二是尽可能全面听取涉及各方利益的相关人员的意见，最大限度地考虑到各方利益主体，在攸关重大利益的问题上，还需要第三方的介入，务求做到公平公正，防止既当运动员，又做裁判员的情况出现。三是可以借助专家学者的智慧和力量，必要时引入专家论证，特别是一些专业性、技术性很强的问题，更需要充分吸收专家的意见和建议。

运筹帷幄提出建议确保真正解决问题

调查研究是手段，解决问题是目的。促进调研成果转化落地，是调查研究的最终目的。习近平总书记强调，衡量调查研究搞得好不好，“关键要看调查研究的实效，看调研成果的运用，看能不能把问题解决好”[1]。如果调研成果不能贯彻落实的话，那么调研就毫无价值，就是在做无用功，造成人力、财力、物力的消耗，甚至错过解决问题的时机和推动经济社会发展的机遇，势必造成严重后果。要想根本解决问题，党员干部需要抓住重点问题，提出可行性对策，研判可能出现的新问题。

第一，抓住重点问题。真正解决问题绝不能搞形式主义，浅尝辄止。对于调研发现的诸多问题，党员干部不能“眉毛胡子一把抓”，要有主有次、有先有后。唯物辩证法告诉我们，在许多对矛盾中，有主要矛盾和次要矛盾之分；在某一具体矛盾中，又有主要方面和次要方面之别，想问题、办事情要抓住主要矛盾和矛盾的主要方面。这就要求我们在解决问题时，要瞄准重点问题，找到矛盾显现的爆发点，进而找到解决矛盾不力的软肋。解决问题还要深入，不能浮于表面，要避免“出丑”的事不改、“棘手”的事不做，防止出现只要问题和措施“入了档、签了字、上了墙”就万事大吉的形式主义。真正解决问题既是攻坚战，也是持久战，要杜绝“到站歇脚”和“一阵风”等不良心态，设立时间表和路线图，常态抓、长效抓，持之以恒，谨防虎头蛇尾。我们要敢于动真碰硬地“亮剑”，让群众“观其行”“评其效”，避免“以材料、报表等论英雄”，力戒形式主义，真正深入持久地解决问题，形成长效机制。

1　习近平：《谈谈调查研究》，《学习时报》2011年11月21日。

第二，兼顾需要和可能。党的二十大报告指出："我们要增强问题意识，聚焦实践遇到的新问题、改革发展稳定存在的深层次问题、人民群众急难愁盼问题、国际变局中的重大问题、党的建设面临的突出问题，不断提出真正解决问题的新理念新思路新办法。"[1]因此，解决问题的办法必须真正管用，具有可行性。有些做法，在局部或少数地方可能行得通，但在面上不一定推得开。有些做法不一定成熟，但在面上可能具有很强的代表性。这就需要具体情况具体分析，具体问题具体对待。有些措施理论上行得通，但实践中由于成本太高无法施行。因此，政策建议既要注重创新性，又要注重可行性；既要注重规范性，又要注重可操作性。调查研究要真解决问题、解决真问题。党员干部将调查研究的结论和建议加以贯彻落实要兼顾需要和可能，提出切实可行的具体措施，拿出符合实际、可行性强的对策，真正实现"调"以务实、"研"以致用，才能让调查研究成果更好破解难题、推动工作。如果不因地制宜、因时制宜，罔顾本地区、本部门的实际情况，提出的举措"放之四海而皆准"，但其实由于"假大空"，并不具备落地实施的可行性。

第三，分门别类贯彻落实。对于那些研究成熟、方法明确的要迅速上升为决策部署、转化为落实举措，注重时效性，不能久拖不决。

1　习近平：《高举中国特色社会主义伟大旗帜　为全面建设社会主义现代化国家而团结奋斗——在中国共产党第二十次全国代表大会上的报告》，人民出版社 2022 年版，第 20 页。

对于尚未研究透彻的要及时听取各方意见，不断调整完善，推动尽快形成举措加以落实。对于已经形成举措、落地实施的要跟踪问效，调整优化，切实把调查研究的“问题清单”变成工作实绩的“成效清单”。同时，尤其要注意研判“新问题”。在解决某个问题的过程中，党员干部要留意可能出现的苗头性和倾向性，预判可能出现的新问题。“风起于青苹之末”，苗头性、倾向性问题往往反映了事物的发展趋势。能否及早觉察苗头性、倾向性问题的趋势，是衡量一个领导者是否具备领导能力的标志，也是检验调研效果的一个关键因素。只要能在事物的发展出现苗头性、倾向性问题时，提前做好预判，提出工作预案，不失时机地作出正确判断，就能牢牢把握领导工作的主动权。

调查研究如何以真取胜

杜治洲 *

* 作者为杜治洲，燕山大学公共管理学院教授、博士生导师，廉政与治理研究中心主任，中国廉政法制研究会理事。

没有调查就没有发言权，没有调查就没有决策权。调查研究是我们党的传家宝，是做好各项工作的基本功。中国特色社会主义进入新时代，以习近平同志为核心的党中央高度重视调查研究工作。党的二十届二中全会强调，要“大兴调查研究之风，大力弘扬求真务实、真抓实干的作风，真正做出经得起历史和人民检验的实绩”[1]。中共中央办公厅印发的《关于在全党大兴调查研究的工作方案》对调查研究的重要意义、总体要求、调研内容、方法步骤和工作要求等作出了明确指导。调查研究如何才能做到客观、科学、有效？答案就是一个“真”字。

用真心

第一，要有积极之心。心态决定行为，行为决定结果。领导干部应摆正心态，充分认识调查研究对于作决策、抓落实、强管理、促发展的极端重要性，以推动治理变革、增进民生福祉的崇高理想积极主动地开展调查研究。领导干部只有深刻理解调查研究的宝贵价值，才能激发内心深处的调研热情，做到“手到心至”“身心合一”，做到无怨无悔、开拓进取，避免“嫌贫爱富”和“蜻蜓点水”式调研。

第二，要有探索之心。行动服从于且服务于目标。调查研究的目标是发现问题、解决问题。因此，党员干部开展调研应有问题意识，

1 《中共二十届二中全会在京举行》，《人民日报》2023 年 3 月 1 日。

要保持对新事物、新现象、新问题的强烈好奇心和求知欲。首先，要带着问题做调研。提出问题是调查研究的起始点，分析问题是支撑点，解决问题是落脚点。党员干部应带着疑惑和猜想到实践中去摸索问题、确定问题、剖析问题。其次，探索表面问题背后的深层次问题。调查研究的初始阶段暴露出来的问题往往只是表面现象，需要由表及里，用洞察力、探究力、意志力去挖掘和研究隐藏在表象背后的问题。最后，深挖关键问题背后的原因。调查研究发现重大关键问题之后，要以一种“打破砂锅问到底”的精神探本溯源，努力揭示问题产生的前因后果。

第三，要有谦逊之心。领导干部开展调查研究尤其是下基层调研时，应以学习请教的谦逊心态对待调查对象。毛泽东同志曾指出，调查研究必须“眼睛向下”，具有“甘当小学生的精神”[1]。调查研究的本质就是学习与探究，党员干部只有放下身段拜人民群众为师，当好小学生，向群众虚心请教，方能“学有所成”“学以致用”。

听真话

第一，要想听真话。调查研究必须听真话，只有听真话才能发现真问题、找到真办法。这首先要求领导干部想听真话。领导干部开展调查研究若只想听群众的溢美之词、应付上级检查、完成一份漂亮的

---

1 《毛泽东选集》第 3 卷，人民出版社 1991 年版，第 789—790 页。

报告，这样的调查不仅是徒劳的，甚至会损害政府形象，自然不可能得到群众的拥护。相反，想听真话的领导干部往往能够做到心系民情、想百姓之所想、急百姓之所急。想听真话，体现的是干部的职业伦理。

第二，要敢听真话。领导干部不仅要想听真话，还要敢于听真话。人们普遍愿意听赞美、肯定的话，而不愿听批评、指责的话。然而，调查研究就是奔着找矛盾、找问题去的，就是要直面群众的牢骚、意见和不满。这就需要调研者走出舒适区，培养敢于直面问题与矛盾的胆识勇气和担当精神。敢听真话，体现的是干部的人格魅力。

第三，要善听真话。一些基层干部和群众出于怕得罪人等顾虑，在接受采访或参与座谈时不愿意反映真实情况、表达真实意愿。因此，党员干部在调查研究中想听到真话，需要运用一些有效的策略，例如，在基层结识若干能交心的朋友。习近平总书记在 2021 年春季学期中央党校（国家行政学院）中青年干部培训班开班式上发表重要讲话强调："要拜人民为师，甘当小学生，特别要多交几个能说心里话的基层朋友，这样才有利于了解真实情况，才有利于把工作做好。"[1]定一条只谈问题不提成绩的规矩，也是一种听真话的策略。善听真话，体现的是干部的领导艺术。

---

1 《立志做党光荣传统和优良作风的忠实传人 在新时代新征程中奋勇争先建功立业》，《人民日报》2021 年 3 月 2 日。

找真相

第一，要数中找真相。调查研究要以真取胜，必须做到去伪存真，揭开事物发展的本来面貌。“耳听为虚”，但“眼见也不一定为实”，我们听到的各种声音、浏览的各类材料，很可能都是经过加工处理的“二手信息”，甚至带有一定的迷惑性与欺骗性。这需要领导干部从政府管理和服务过程中留下的痕迹和数据中寻找线索，通过大数据分析对调研信息的真实性进行甄别，从而获得客观的、有价值的决策信息。

第二，要案中找真相。对已经定性的案例进行分析，是调查研究发现真相的另一个重要途径。经过规范调查取证的案例，通常事实都已经比较清楚。因此，对已经形成结论的违纪违法案件、民事纠纷等个案进行全方位考察，可以节省获取真实信息的成本，也可以提高调研结果的可靠性。除个案分析外，我们还可以对一些权威的案例库进行系统挖掘，探寻地方在政治、经济、社会、文化等方面存在的真问题，总结其中的运行规律和发展趋势，为党和国家科学决策提供参考。

第三，要暗中找真相。鸣锣开道、前呼后拥式的调查研究往往了解不到实情。因此，“微服私访”就是一种可以获取真相的选择。“微服私访”不仅有利于避免出现少数领导干部巧言令色、阳奉阴违的不良现象，而且更容易让人民群众讲真话。“暗访”已经成为部分领导干部发现问题、寻找真相的重要方式。有的领导干部经常不带司机和同事，走到哪儿、发现什么问题，就立刻给相关单位负责人打电话反映问题。类似的明察暗访、“微服私访”应当成为调查研究的潮流。

练真功

第一，要练紧扣重点之功。调查研究要取得实效，还需要练真功，首要的就是练紧扣重点之功。调查研究要坚持重点论，研究问题的过程中要着重抓住事物发展的主要矛盾，在分析某一矛盾时，要着重把握矛盾的主要方面。如果“胡子眉毛一把抓”，我们就会走向错误的方向，得不到真实科学的调研成果。因此，党员干部要提高调查研究水平必须经常思重点、抓重点。《关于在全党大兴调查研究的工作方案》明确了调查研究应主抓的 12 项重点内容，为当前和今后一段时期的调研工作指明了方向。各级领导干部应该结合地区和部门的实际，围绕经济社会发展的突出问题和群众反映强烈的难点堵点，有的放矢地开展调查研究。

第二，要练系统思维之功。事物是普遍联系的，任何问题都不是孤立存在的。因此，我们不能片面地、孤立地看问题，而应坚持顾大局、识大体的系统思维。只有不断强化系统思维，才能抓住整体、抓住要害，才能将原则性与灵活性结合起来，有效地分析解决调查研究中发现的问题。领导干部在调研中必须准确把握现象和本质、形式和内容、原因和结果、偶然和必然、可能和现实、内因和外因、共性和个性之间的关系。“不谋全局者，不足谋一域。”领导干部应当“大处着眼，小处着手”，确定调研课题，把解决当前问题与谋划长远发展结合起来，把微观研究与宏观研究结合起来，把现状研究与趋势研究结合起来，增强调查研究的科学性、系统性、前瞻性。

第三，要练研究方法之功。不同类型的研究方法具有不同的功能和优势，各种研究方法可以取长补短，共同服务于调查研究。领导干部应不断提升灵活运用各类研究方法的能力，与时俱进，拓展调研渠道，丰富调研手段，创新调研方式。一是充分利用召开座谈会、组建政府顾问团、媒体记者采访等多种渠道开展调研，关注各方面信息，随时随地调查。二是统筹兼顾各类调研手段。调查研究要做到微观和宏观相结合，既要看人面、市面、路面、桌面等具体细节，了解群众真实生活，也要看经济社会发展的全局，拓宽调查的视野。调查研究要做到下访和约访相结合。下访调查要敞开接待，倾听人民呼声。共性问题要约访调查，推动成批性问题的解决。三是创新调研方式，协同发力。党员干部既要运用“解剖麻雀”“专题调查”“问卷调查”等传统调研方法，也要综合运用多学科理论，采用 SPSS 统计分析、网络调查、云计算、数据挖掘等现代调研方法，提高调查研究的科学性和客观性。

第四，要练坚持不懈之功。调查研究要以真取胜，党员干部还必须练就吃苦耐劳、坚持不懈的本领。“一曝十寒”“蜻蜓点水”“走马观花”，作风漂浮、敷衍了事是难以做好调查研究工作的。习近平同志在担任浙江省委书记期间，花了一年多时间赴全省 90 个县市区深入调查研究，形成了振兴浙江的“八八战略”，为浙江走在现代化前列奠定了坚实的基础。领导干部调查研究要甘于吃苦受累、勇于攻坚克难，要鼓足爬山过坎、穿山越岭的十足勇气，要锻炼“不破楼兰终不还”的顽强意志，一以贯之地在矛盾尖锐的地方开展调查研究。只有锲而不舍，面对困难不退缩、面对矛盾能冲锋，我们才能真正把调查研究成果转化为推进工作的真成效。

建真言

第一，建言要切中问题要害。调查研究的落脚点是建言献策，解决问题。调查研究必须建真言、解决真问题。抓住问题的要害和关键是建真言的第一步。有些领导干部尽管在实地调研中发现了一些重要的矛盾和问题，但在撰写调研报告时借口“问题过于敏感”，不愿针对关键核心问题拿出有力措施，而是顾左右而言他，在核心问题之外提出一些无关痛痒的“柔性”建议，使调查研究功亏一篑。要使调查研究真正发挥作用，领导干部必须发扬斗争精神，敢于直面最主要的问题和最突出的矛盾，对症下药，靶向治疗，从而达到釜底抽薪的效果。

第二，建言要考虑资源约束。任何问题的解决都离不开所需要的资源，包括政策资源、人财物资源等。只有既符合政策规定又拥有人财物保障的办法和措施才能顺利落实。因此，领导干部应当对资源约束有较为清晰的认识，既要准确掌握已有的现货资源，又要理性预判可能争取到的期货资源，在此基础上提出的问题解决方案才具有可操作性，才能落实落地。无视可用资源的边界而提出过度超前的理想化措施，最终可能被束之高阁。

第三，建言要获取群众支持。调查研究提出的对策建议必须得到广大人民群众的支持和拥护。一方面，以维护人民利益、增进人民福祉为出发点。只有基于人民立场，代表群众利益，解决问题的思路才有可能得到人民群众的广泛支持。另一方面，通过宣传教育争取群众的认可与理解。各级领导干部对一些行业性、专业性较强领域的发展战略和举措，需加大宣传力度，向群众耐心地解释，争取他们的理解和支持。总之，以人民为中心是建真言最重要的特征。

第四，建言要合理借鉴经验。习近平总书记指出："我们应该从不同文明中寻求智慧、汲取营养，为人们提供精神支撑和心灵慰藉，携手解决人类共同面临的各种挑战。"[1]建言献策时可充分借鉴古今中外国家治理的成功经验，但不可盲目借鉴，照搬照抄。就横向借鉴而言，国情、省情、市情、县情、乡情的差异，很可能导致借鉴的实践经验"水土不服"。就纵向借鉴而言，时代更迭、环境变迁很可能使过去成功做法的价值大打折扣。因此，调查研究必须结合当地的实际有选择

1 《习近平外交演讲集》第 1 卷，中央文献出版社 2022 年版，第 102 页。

性地、创造性地进行经验借鉴，提出有针对性和可操作性的建议。

总之，只有自始至终脚踏实地、尊重事实，才能在调查研究中发现真问题、找到真办法，以真取胜，从而推动改革创新和社会进步。

调查研究要走好新时代网上群众路线

时伟 *

* 作者为时伟，江苏省习近平新时代中国特色社会主义思想研究中心南京大学基地研究员，江苏党建研究院基层党建创新研究中心主任、教授。

《关于在全党大兴调查研究的工作方案》强调“在全党大兴调查研究，必须坚持党的群众路线”[1]，为新时代提升调查研究工作效能指明了努力方向。当今时代，网络空间已经成为我们党密切联系群众的重要渠道和纽带。习近平总书记明确要求：“各级党政机关和领导干部要学会通过网络走群众路线。”[2]深刻理解习近平总书记关于走好网上群众路线的重要论述，既是我们走好网上群众路线的关键所在，也是我们做好新时代调查研究工作的基本功。

走好网上群众路线对做好调查研究工作意义重大

首先，网上群众路线是马克思主义中国化时代化的实践创新。中国共产党一经成立，就把“党的一切运动都必须深入到广大的群众里面去”作为工作原则。毛泽东同志提出了“不做调查没有发言权，不做正确的调查同样没有发言权”的著名论断。习近平总书记指出：“各级党政机关和领导干部要学会通过网络走群众路线，经常上网看看，潜潜水、聊聊天、发发声，了解群众所思所愿，收集好想法好建议，积极回应网民关切、解疑释惑。善于运用网络了解民意、开展工作，是新形势下领导干部做好工作的基本功。”[3]当前，承载着网民利益诉求和情感需求的网络舆情已经成为新时代社情民意的“晴雨表”。各

---

1 《中办印发〈关于在全党大兴调查研究的工作方案〉》，《人民日报》2023年3月20日。
2 习近平：《在网络安全和信息化工作座谈会上的讲话》，人民出版社2016年版，第7页。
3 习近平：《在网络安全和信息化工作座谈会上的讲话》，人民出版社2016年版，第7页。

级领导干部需要保持同人民群众的血肉联系，把准网络群众需求“脉搏”，读懂网络社情民意“晴雨表”，搭好政府网民“连心桥”。习近平总书记关于走好网上群众路线的重要论述，科学回答了为什么要走好网上群众路线、怎样走好网上群众路线等重大问题，丰富和发展了马克思主义群众观。

其次，网上群众路线是国家治理现代化的必然选择。日新月异的互联网技术重塑包括党群关系在内的诸多领域。对此，我们需要与时俱进地对治国理政进行宏观布局和场域扩展，把加强顶层设计和坚持问计于民、问需于民统一起来，把“用脚走基层，上网察民意”作为联系群众、治理社会的新路径。习近平总书记提出各级党政机关和领导干部要走好网上群众路线，提高通过互联网组织群众、宣传群众、引导群众、服务群众的本领，“要强化互联网思维，利用互联网扁平化、交互式、快捷性优势，推进政府决策科学化、社会治理精准化、公共服务高效化，用信息化手段更好感知社会态势、畅通沟通渠道、辅助决策施政”[1]。党员干部应把互联网这个“最大变量”变成推进国家治理现代化的“最大增量”。走好网上群众路线既可以充分赋能国家治理体系和治理能力现代化，也可以将新时代调查研究工作推向更广域的网络空间，从而精准识别广大人民群众的需求诉求，不断增强人民群众的获得感、幸福感。

1 《习近平关于城市工作论述摘编》，中央文献出版社 2023 年版，第 111 页。

最后，网上群众路线是全过程人民民主的生动实践。随着网络应用深入百姓生活的方方面面，信访平台、领导信箱、政务热线、网络“留言板”等日益成为党和政府同群众交流沟通的新平台，成为了解群众、贴近群众、为群众排忧解难的新途径和发扬人民民主、接受人民监督的新渠道。从国务院开通“互联网 + 督查”平台征集问题线索，到“十四五”规划编制通过互联网向全社会征求意见建议，再到党的二十大相关工作网络征求意见，以及 2023 年全国两会“捎句话”活动，丰富多样的民主渠道把“人民群众盼望的”与“党和政府要干的”紧紧连在一起，使越来越多的基层声音直达各级决策层，人民群众的知情权、参与权、表达权和监督权得到有力保障。网上群众路线构建了党委政府—民众互动新模式，有利于拓宽调研渠道、创新调研方式、提升调研效能，也从各层次各领域扩大人民有序政治参与，充分印证了我国全过程人民民主是最广泛、最真实、最管用的民主。

部分党员干部走网上群众路线面临的现实挑战

第一，网络核心素养有待提升。面对庞杂喧嚣的互联网世界，一些党员干部出现了本领恐慌，主要表现为：一是网络信息分析处理能力不足。一些党员干部在面对跨时空、跨场域的各类网络信息时，有的“乱花渐欲迷人眼”，丧失独立思考和精准判断的能力；有的“马踏深山不见踪”，不能将有效的网络信息为我所用；有的“只看热闹不看门道”，看不到舆论背后的群众利益诉求，抓不住现象背后的本质。二是网络传播规律把握能力不足。一些党员干部由于未能准确把握网络传播规律，在开展网上群众工作时常常陷入被动局面，错失主动传播有效信息的最佳时间，甚至采取一些逆规律而行的工作措施，导致不良影响。三是网络舆论引导能力不足。一些党员干部面对网络舆论，要么存在“鸵鸟心态”，不听、不看，要么应对迟缓、被动、老套，停留在简单重复官腔官调上，导致公信力受损。

第二，网络沟通能力尚显欠缺。面对互联网形成的群众工作新格局，一些党员干部利用网络加强群众沟通的能力尚显欠缺，从而使调研效果大打折扣。主要表现在以下两个方面：一是深入群众不够主动，害怕在网上言辞不当被“揪住辫子”，缺乏应对网络传播的主动性，不善于运用互联网、大数据等现代信息技术开展调查研究，难以适应信息化时代群众工作的新要求。二是网络化语言运用不够熟练。一些党员干部面对新一代网民，不了解他们的表达方式；面对网络“意见领袖”，没有掌握相应的专业知识；面对非理性的诉求表达者，不会运用恰当的话语表达和沟通技巧。广大党员干部如果不懂得网络化表达方式，就很难了解群众通过网络提出的真知灼见，导致无法真正把情况摸清、把问题找准、把对策提实。

第三，网上工作作风不够扎实。习近平总书记强调，要“善于通过互联网等各种渠道问需于民、问计于民，更好倾听民声、尊重民意、顺应民心”[1]。然而，伴随治理信息化、智能化的不断普及和深化，一些党员干部作风不严不实，使形式主义、官僚主义这一顽瘴痼疾披上了信息化的新型隐形外衣，很可能消解信息技术所带来的正面效应。有的党员干部把一些应该去基层调研获取的原始素材让下级干部通过工作群直接上报，把一些应该在实践中真抓实干的工作搬到网上进行“精致留痕”式监督检查；有些党员干部利用工作群组，建起了“拍马群”，发布领导开展调研、开会讲话之类的工作照，展示领导的“光辉形象”，群成员则各种“献花”；有些党员干部利用网络办公，搞起“新门槛”，把所有的责任都推给技术问题。令人眼花缭乱的信息形式主义与智能官僚主义影响了工作作风，损害了党的形象，其危害不可小觑。

走好网上群众路线推进调查研究工作走深走实的路径

第一，转变观念，牢固树立网络群众观，深入群众调查了解情况。面对新时代网上群众工作的机遇与挑战，广大党员干部应坚持解放思想、实事求是，不断推进思维变革、观念更新，以更宽阔的视野来做好网上群众工作。一是坚持以人民为中心的发展思想。广大党员干部应始终尊重网民主体地位，了解其所思所愿，积极回应网民关切，及

1 《善于通过互联网等各种渠道问需于民问计于民 更好倾听民声尊重民意顺应民心》，《人民日报》2022 年 6 月 27 日。

时吸纳其提出的建设性意见，及时帮助其解决实际困难，及时廓清模糊认识，及时化解怨气怨言，及时引导和纠正错误看法。二是不断拓展网上群众工作新领域。广大党员干部应树立“宣传群众就要宣传网民，联系群众就要联系网民，服务群众就要服务网民，走好群众路线就要走好网上群众路线”的意识。三是完善共建共治共享的网络空间治理制度。广大党员干部应多主体、多方位、多角度协力推进网上群众工作，凝聚网络社会治理合力，构建与网民的良性互动机制，以网民合法利益是否得到有效维护为标准，检验网上群众工作成效。

第二，把握主线，与时俱进走好网上群众路线，拓宽调研渠道，提升调研效能，不断提出真正解决问题的新思路新办法。群众路线是我们党的生命线和根本工作路线。各级领导干部需要在网上群众工作中体现群众路线的价值理念与思想方法，使群众路线作为一种观念深植于实践主体的思想之中，体现在网上群众工作各项制度的制定之中，落实到网上群众工作的每项具体措施之中。一是要在深入群众上下功夫。广大党员干部应把“上网”当作新常态，把“用网”当作基本功，把“懂网”当作必修课，通过“屏对屏”“键对键”“面对面”等方式，广泛了解群众所思所想所盼。二是要在学习群众上下功夫。广大党员干部在谋划工作、制定规划、出台政策的过程中，应善于运用互联网、大数据等现代信息技术问计于群众、问计于实践，从基层的生动实践中探寻打开工作思路的钥匙，使各项工作始终回应群众呼声、体现群众意愿。三是要在服务群众上下功夫。党员干部应扎紧网上群众工作闭环，把群众满意作为衡量工作成效的最高标准，以刚性机制和管用举措，真正把党的各项惠民政策落实到位、执行到位，通过一个个具体问题的解决推动民生改善。

第三，找准焦点，构建网上群众工作话语体系，讲好“群众话”，打通与群众沟通的“最后一公里”，更好地服务群众。随着互联网时代的发展，善用新平台、会用新话语的领导干部越来越多。但也有一些领导干部不熟悉网络传播规律，对如何利用网络做好群众工作没有经验，对一些重大事件和人民群众诉求的回应，要么空话连篇，要么“雷人雷语”。走好网上群众路线，我们要构建起网上群众工作的话语体系。首先要解决好“谁来说话”和“对谁说话”的问题。我们需要根据网上不同群体和不同文化程度群众的特点，优化话语主体功能，细化话语客体分类，确保话语产生实际效果。其次要注意话语主体对话语客体“说什么”和“怎样说”的问题。我们应从新时代伟大实践中提炼总结新话语，从中华优秀传统文化中继承经典话语，从学术研究和理论创新成果中借鉴成熟话语，多使用群众听得懂、听得清、听得明、听得亲的语言，使群众工作的思想、理论、价值、观念表现得更有立体感、更具启发性、更加鲜活生动。

第四，融合互动，画好网上群众工作同心圆，倾听群众呼声、反映群众愿望、关心群众疾苦。群众在网上反映的问题和诉求，最终要靠实践落实、以实干解决。因此，走好网上群众路线，既要懂网、用网，又要网上网下相结合，深入群众、深入实际，调查研究、真抓实干。一是要建立完善网络民意吸纳、网民诉求反馈、网络问政监督等网上网下联动机制。领导干部要以身作则，率先垂范，自觉带着网上群众意见深入基层一线开展调查研究，为民排忧解难，确保群众反映的问题网上有人看、网下有人办，以实际行动、实际成效取信于民。二是要建立健全网上群众工作监督评价标准机制。我们要通过运行配套的监督保障机制，完善监督结果考核机制，对领导干部网上群众工作态度和能力进行评价，力戒形式主义和官僚主义，激励各级党委政府真抓实干，把新时代网上群众工作落到实处。

调查研究重在听真话

蒋来用 *

* 作者为蒋来用，中国社会科学院大学政府管理学院教授、博士生导师，中国社会科学院中国廉政研究中心秘书长、研究员。

在影响调研质量和效果的因素中，最为重要的是实事求是的思想路线执行不到位

调查研究是我们党做好领导工作的重要“传家宝”，也是我们党一贯坚持的工作方法。毛泽东同志曾提出，没有调查就没有发言权。调查研究是谋事之基、成事之道，习近平总书记多次强调要在全党大兴调查研究之风，提出“没有调查就没有决策权”。2023 年 3 月，中共中央办公厅印发《关于在全党大兴调查研究的工作方案》。不容否认，调查研究的地位重要，但调研作用的有效发挥取决于调研的质量。在调查研究实践中，有的部门和单位的调研数量很多，投入大量经费，耗费大量的时间和精力，产出的调研报告较多，但可以解决问题的成果较少，调研投入和产出不成比例。有的“走马观花”，敷衍了事，习惯于听汇报、看材料、做样子，形式主义比较严重。有的调研变成了工作检查，高高在上，俯不下身，自觉高人一等，缺乏认真聆听的耐心，官僚主义比较突出。有的调研本领不高，调研能力欠缺，调研准备不够充分，缺乏深入思考，不能透过现象看本质，调研的方式方法不合理，发现不了真问题，更找不到问题症结所在。影响调研质量和效果的因素很多，但最为重要的是实事求是的思想路线执行不到位。班固撰写的《汉书·河间献王德传》就提出了“修学好古，实事求是”。唐代训诂学家颜师古注解为：“务得事实，每求真是也。”

实事求是是党的思想路线，是中国特色社会主义理论的哲学基

础。1938 年党的六届六中全会上，毛泽东提出："共产党员应是实事求是的模范。""因为只有实事求是，才能完成确定的任务。"[1] 1942 年 2 月，毛泽东在延安干部会上发表演讲强调："共产党不靠吓人吃饭，而是靠马克思列宁主义的真理吃饭，靠实事求是吃饭、靠科学吃饭。"[2] 实事求是是党性的表现，是理论和实践相统一的马克思主义的作风，是一个共产党员起码应该具备的态度。但在调查研究过程中，一些党员干部背离了这条思想路线和党性原则，其中一个突出的表现是在调查研究中不讲真话、听不到真话。要提升调查研究的质量，争取达到有调查权和决策权的效果，我们需要健全听真话、讲真话的机制，用恰当的方式方法让人讲真话。

调研者必须想听真话

讲真话难，一个重要的原因是不愿听真话。语言交流是一个信息互换的过程。你喜欢听什么话，人家就喜欢与你谈什么。虽然"察言观色""鉴貌辨色"等词汇带有贬义色彩，但从人与人沟通交流的基本常识来说，如果双方谈话"牛头不对马嘴"，必然就"话不投机半句多"。双方谈话的观点、意见、表情、手势等都非常不一致、不能相互配合，沟通就难以进行下去，就会尴尬地草草收场。经验告诉我们，

1 《毛泽东选集》第 2 卷，人民出版社 1991 年版，第 522 页。
2 《毛泽东选集》第 2 卷，人民出版社 1991 年版，第 830 页。

大多数人都喜欢听好话，因而大多数人也都喜欢讲好话。相互迎合、吹捧、表扬与肯定在人与人的沟通交流中使用频率和比例非常高，成为人们生活的常态。在日常交流中，人们相互批评的现象虽然偶有发生，但并不多见。越是在和平安稳的环境下，由于共同面临的忧患和危机较少，个人的集体意识和集体危机感相对减弱，有“乡愿”想法的人自然会增多，好人主义比较流行，社会话风更为柔和，即使个人的行为不利于公共利益或者损害集体利益，大家也都不愿撕破脸皮，要么说话都很客气和友好，要么缄默其口、是非不论。在集体性的表面友好情境下，愿意讲真话的人会减少，因为讲真话面临很大的压力和危险，不仅会得罪人，而且可能会使自己陷入孤立。

但调查研究是国家治理和社会管理的重要工作，不同于一般的人际交往。因为这项工作完全是为公，而不是为私。调查研究的目的是摸准实情，找到问题的症结，然后提出解决问题的方案，以更好地做好管理工作，提供更好的公共服务和产品。调查研究除了实地考察等方式之外，调研者必须与不同的人进行座谈、访谈、聊天对话。物品资料、现实场景之外，语言可能是调查研究接触最多的东西。调研者在调查研究过程中会听到很多人说话，话有真有假，有实有虚。即便听到的是真话，但有的真话是正确的，有的真话可能是片面的。对于调研者而言，多听真话肯定比多听假话、虚话好。调查对象说的话是否被采纳，由调研人来决定，但说不说真话，则由调查对象说了算。

只有允许调查对象讲真话，调研者才有更多了解实情的机会和可能。因此，调查研究要想达到效果，必须需要听到真话。良药苦口利于病，忠言逆耳利于行。调研者要想多听到真话，必须自己喜欢听真话才行。因为真话实话不仅“味苦”而且常常“带刺”。有的真话还会触碰到一些人的利益，影响一些党员干部的政绩。只有本着公心，如同王阳明所言，去私欲、存天理，把人民的利益、国家和集体的利益放在心头，做好研究无禁区、宣传有纪律的区分，调研座谈言者无罪无过，调查研究才能听到真话和实话，也才能摸到实情。如果调研者自己心里设了防线，不愿意听与自己的想法和意见不同的声音，在调研座谈时不停打断说真话的人的发言，调查研究就会流于肤浅，甚至变味变质，失去意义。

调研必须找准讲真话的人

调查研究的成功离不开讲真话的人。讲真话的人必须同时具备两个条件，一个是主观上想讲、敢讲真话；另一个是客观上能讲、会讲真话。调研者在调查研究中遇到的人可能很多，但真正主客观上都符合这两个条件的人并不多。有的知道问题所在，能讲真话，但不愿意讲真话，生怕得罪人，给自己惹来麻烦。有的不了解工作实情，主观上愿意讲真话，但无真话可讲。不论是哪一种情况，对于调研者而言，没有找准人，调研目的就难以达到。因此，找到了解情况并愿意讲真话的人，是调查研究之前必须做的准备工作，也是调查研究的关键环节。

找人的办法较多，我们可以通过基层组织，也可以通过朋友介绍。但作为调研者，我们必须扎实做好准备工作，其中一个比较简单且有效的办法就是利用网络和数据库“找人”。针对调研问题，我们可以利用中国知网、读秀、人民日报等数据库，上百度、搜狐、360等搜索网站查找相关的论文、文章、著作、报道等，了解调查研究的问题背景、现状、症结等，熟悉研究有关问题的专家和人员的主要观点和研究方法，对工作实践做得好的地方和单位也要做到心中有数，这样才能有针对性地找人座谈、进行访谈，安排实地调研和考察等。

调研者必须以问题为导向，对问题真懂行，能够辨别真假虚实，不会被随便忽悠应付，调研时要清晰表明听真话、实话的态度，践行求真务实的精神，对于说虚话、套话、空话、假话的发言要及时打断。只要调研者认真、作风扎实，被调研单位就会安排敢讲真话、会讲真话的人座谈，调研对象就会放得开，没有负担和包袱。到地方和部门组织调研，调研者召开座谈会，要相信单位和组织，需要听取领导班子和领导干部的意见和建议，但要注意防范“一言堂”的现象，除了主要领导自由洒脱发言之外，应避免其他人员只陪会不发言，或者噤若寒蝉，看领导脸色、神色讲话；要创设合适的情境和条件，让基层干部和群众有讲真话、实话的机会，按照中央八项规定精神，要减少层层陪同，多与基层干部群众座谈交流。

用恰当的方式方法让人讲真话

真话本来是人们对客观事实的真实描述和自然反应。调研中的形式主义是阻碍真话进入调研者耳朵的主要原因。中央八项规定颁布实施后，张贴悬挂标语横幅、铺设红地毯等现象基本消失，但调研中的“走马观花”“蜻蜓点水”依然存在，调研现场成了“秀场”，“演戏式”调研在一些地方仍然存在。有的地方为了迎合上级调研，投巨资打造“花瓶”“盆景”式的农村和社区，设计安排“规定路线”，有的甚至进行预演、排练，将一些干部装扮成基层群众。“嫌贫爱富”的调研帮了极个别的“点”和“线”，但苦了大部分差的“面”，有的贫困农村长期得不到领导的调研，因而得不到资金和项目，发展比较落后。调研组被牵着鼻子跑，全部是定点和规定动作，形式主义难以避免，也就自然难听到真话、实话。避免和减少调研走过场，调研者必须多考虑“自选动作”，要将定点与随机相结合，充分掌握调研方案设计的主动权，对定点过多的安排及时提出并进行调整。

问题就是任务和目标，问题导向是调研者应有的基本素养。调研必须要带着问题，向实践学习，向群众请教，而不是高高在上、自以为是，让主观主义左右自己的头脑和手脚。调研既要看成就和经验，更要找问题和解难题。因此，越是群众意见多，社会矛盾多，工作做得差、条件十分艰苦的地方，越是调研要经常去的地方。但有的地方领导干部并不愿意上级尤其是中央国家机关领导干部开展深入的调研，尤其是对随机性访谈、问卷调查等缺乏信心，倍加防范，生怕揭了“锅盖”丢了丑，现了“原形”。有的地方盼着上级单位和领导去调研，但有的地方对调研很厌烦和反感。由于形式主义和官僚主义作怪，经常接待调研的地方和单位往往苦不堪言、负担沉重。真情、真话本来就在那里，调研准备应在平时而不是临阵磨枪。为了迎接上级单位的调研，从接到调研通知和知道消息开始，各地党员干部就得加班加点准备材料数据、安排汇报和接待，地方领导甚至亲自出席座谈会和陪同调研，生怕冷落了调研者。基层的这种“热情”做法完全是被一些领导干部官僚主义的作风问题逼出来的，不得不准备一大堆“空话”“套话”，跟着搞形式主义。

要改变这种局面，我们必须扭转颠倒的调研准备方式。调研者必须精心准备，调研对象则不用过多准备，要让“没打招呼，直接就来了”“感到很意外”成为常态，防止“伪饰成风”。我们要使用座谈会、实地考察等传统手段，但要弥补“蜻蜓点水”式调研的不足，经常采用蹲点调查、挂职锻炼等方式，扑下身子，沉到一线，深入基层。中央和省直机关必须定期安排党员干部到问题多、矛盾多、条件艰苦的地区调研，找到问题产生的原因和解决问题的办法。我们还要发挥好智库的作用，将一些调研任务委托给智库，运用田野调查、问卷调查等方式方法，尽量多地占有一手信息和材料，扩大调查接触面，多侧面、多层次、多方式听真话，摸准实情。

积极营造讲真话的环境氛围

社会环境改造人。有什么样的社会就会有什么样的人。能够自由轻松讲真话的社会，讲假话、做假事就难以立足。诚信社会是一个讲真话受到激励、说假话遭到惩罚的社会。诚实、不说谎，几乎是所有父母和老师教育孩子必须遵守的伦理道德，但在孩子长大成人进入社会之后，不少人编造种种理由撒谎以争取各种利益和机会。讲假话成为当前我国社会道德建设中的突出问题。家庭和学校诚信教育效果在社会现实中被消解，表明我国社会诚信机制建设存在较为严重的问题，甚至形成了讲假话、做假事可以占到便宜，讲真话、干实事却会吃亏的风气。因此，我们必须抓紧完善社会诚信体系建设，让遵纪守法、诚实守信得到便利和激励，让各种弄虚作假的行为付出沉重的代价。一旦诚信赏罚机制建设健全，整个社会就将形成一个强有力的倒逼机制，影响并改变人的思维方式，由此让求真务实成为人们的习惯，讲真话也就顺其自然。

讲真话是政治生态良好的重要证明，表明党的实事求是思想路线得到坚持和落实，也说明民主活泼的氛围非常浓厚。扭转不讲真话的风气，党员干部必须带头，以党风影响政风、带动民风。中央层面实施的向宪法宣誓制度应该逐级推行，所有公务员任职时都应进行宪法宣誓，将“忠于中华人民共和国宪法”“忠于祖国、忠于人民”等转化为具体言行，讲真话，干实事，恪尽职守、廉洁奉公，接受人民监督。将讲真话纳入日常活动中，让党员干部经常“照镜子”，开展批评与自我批评，对唱高调、说空话的要坚决予以抵制和批评，对讲假话、不诚信的行为要进行调查处理。媒体是广大党员干部和人民群众沟通的桥梁，在营造讲真话的氛围中发挥着重要的作用。媒体宣传报道要坚持讲真话，不能报喜不报忧，要聚焦民生“痛点”、治理“难点”、政策“堵点”，继续办好“群众来信”“焦点访谈”等栏目，畅通信访举报电话和网站，让群众讲真话、反映问题时有渠道，并且要使渠道非常通畅。

图书在版编目（CIP）数据

谋事之基　成事之道：新时代的调查研究 / 人民日报人民论坛杂志社主编；何星亮等 著．
— 北京：东方出版社，2024.2
ISBN 978-7-5207-3604-6

Ⅰ.①谋…　Ⅱ.①人… ②何…　Ⅲ.①中国共产党—调查研究—方案—研究　Ⅳ.① D267

中国国家版本馆 CIP 数据核字（2023）第 158312 号

谋事之基　成事之道：新时代的调查研究
（MOUSHIZHIJI CHENGSHIZHIDAO XINSHIDAI DE DIAOCHAYANJIU）

主　　编：人民日报人民论坛杂志社
作　　者：何星亮等
策　　划：姚　恋
责任编辑：张洪雪　李志刚
出　　版：东方出版社
发　　行：人民东方出版传媒有限公司
地　　址：北京市东城区朝阳门内大街 166 号
邮　　编：100010
印　　刷：北京明恒达印务有限公司
版　　次：2024 年 2 月第 1 版
印　　次：2024 年 2 月第 1 次印刷
开　　本：660 毫米 ×960 毫米　1/16
印　　张：16.25
字　　数：164 千字
书　　号：ISBN 978-7-5207-3604-6
定　　价：59.80 元
发行电话：（010）85924663　85924644　85924641